教师花传书

专家型教师的成长

〔日〕佐藤学 ◇ 著

陈静静 ◇ 译

钟启泉 ◇ 审校

U0369850

华东师范大学出版社

上海

上海市版权局著作权合同登记　图字:09 - 2016 - 060 号

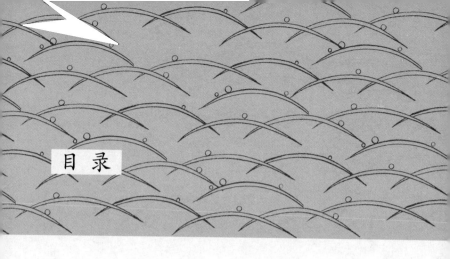

目 录

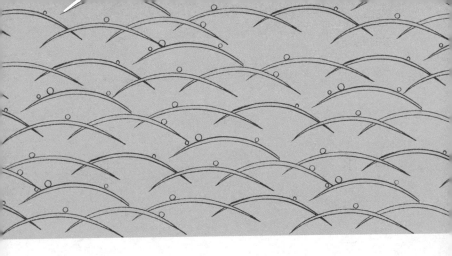

第二部分

我所遇到的教师们

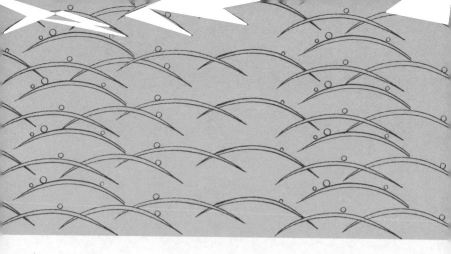

第三部分
教师生涯

教师是承担着教育的公共使命的专门职业，教师的工作决定着儿童的未来与社会的未来。因此，"在任何一个国家，教师教育改革都是国家政策的中心"①。历史上作为"专家"被认定的最先是牧师，而后是大学教师，然后是医生、律师，再然后是中小学教师。不妨回顾一下 19—20 世纪教师教育的历史，就可以了解教师教育的基本认识是如何展开的，教师应当如何作为一个"专家"来培养。

19 世纪末，教师的教学技能是通过经验获得，而不是借助特设的制度养成的。新任教师在学习相关学科的知识之后，作为资深教师的"徒弟"展开教学实践活动，从中学到诸多的实践知识。从 19 世纪后半叶到 20 世纪初，随着教育学与心理学研究的进步，能够理解各种各样的知识成为衡量作为"专家"的职业集团的最重要的标准之一，这就产生了教师"专业化"的诉求。20 世纪后半叶，"教育民主化"的世界性潮流引发了新的教育变革，要求培养更多的人成为教师，赋予他们作为"专家"的基础知识。这样，为教师开设

① 佐藤学.培育作为专家的教师[M].东京：岩波书店，2015：4.

"学习心理学"之类的同教师职业直接相关的知识讲座成为普遍的趋势。然而事实表明,这些知识基础并无多大用处,还得为教师提供更多的知识基础,这种知识基础应当表现为教师在课堂上运用的教学技能——这种见解同以教师资格为基础的教师教育的导入联系在一起。一时间,教师的具体行为与学生的学习成果之间关系的分析,即所谓"过程—产出模型"的研究,成为促进教师教育研究的一种方法。基于这些研究,众多可训练的教学技能被归纳成一份清单,这份清单就成了教师教育的计划。这就导致了这样一种传统的教师培养模式:大学提供理论与方法论,中小学提供实践这些知识的场所,知识的运用被委之于教师个人的努力。在这种模式中,大学提供的知识终究不过是一种命题性的知识,诸多教师教育计划是同实践毫不相干的理论,是借助彼此分割的讲座来实施的。教师教育课程往往只是在传递碎片化的知识而已。进一步可以说,知识是被灌输的,去问题化的。这是一种"技术合理性模式"——"专家活动的本质被严格界定为科学理论与技术的运用,被归结为工具性质问题的解决的方式"①。

　　20世纪80年代中期以来,教师的专业化成为世界教育改革的重大课题。中心课题之一是未来教师是怎样一种专家的形象。诸多研究发现,传统的"技术合理性模式"尽管已经支配了

---

① D. Schon.专家的智慧:反思性实践家在行动中思考[M].佐藤学,
秋田喜代美,译.东京:东京ゆみる出版股份公司,2001:25.

几十年,但并没有发挥作用,教师培养期间所发展起来的诸多观念与教育概念,随着现场经验的积累而"流失"了。相反,在促进教师成长方面,教学的实践发挥了强有力的作用。舍恩(D. Schon)根据建造师、精神分析专家、城市工程设计师、经营管理专家的案例研究,关注这样一个事实:现代专家在复杂的社会语脉中直面泥沼般的难题的解决。"他们的实践特征在于,'同问题情境的对话',靠经验培育起来的非概念化的'默会知识',以此为基础的'活动过程的反思'。"①舍恩针对基于"科学技术的合理运用"的"技术熟练者"的专家概念,提出了"反思性实践者"的专家概念。这个概念意味着,所谓教师的发展,不是谁要求教师去发展,而是教师自身要求变革,是作为教师持续地发展他们自己对教学的认识的过程来看待的。就是说,经历实际的教学及其他学习的情境,在更有经验的同事的指导之下反思这些经验,通过教师的个人反思与来自教师教育工作者的理论框架的交互作用,来持续地发展自身对于教学的思考。这样,把"反思"置于教师教育核心地位的认识,在揭示理论与实践脱节的研究发表之后的 20 世纪 80 年代,就已经浮现出来。从 20 世纪 80 年代到 21 世纪初,"反思"被导入了众多教师教育的计划。正是在这种背景下,国际教师教育学倡导"教师成长三大定律":越是扎根教师的实践需求越是有效;越是扎根教师的鲜活经验

① 佐藤学.课程与教师[M].钟启泉,译.北京:教育科学出版社,2003:361.

越是有效;越是扎根教师的实践反思越是有效。于是,促进反思及其效果的研究,致力于把"反思"作为一种核心概念,并作为一种理论联系实践的主要方法来抓的研究,层出不穷。

这本《教师花传书》最鲜明的特色就在于,反复地阐述当代教师教育改革的一个重要命题——教师必须是"工匠性"与"专业性"兼备的专家。这是因为,"教师的工作既有匠人的一面,也有专家的一面。……作为匠人,教师的世界是由'熟练的技能'、'经验'、'直觉或秘诀'构成的;而作为专家,教师的世界则是由'科学的专业知识'、'技术'、'反思与创造性探究'构成的。另外,匠人是通过'模仿'与'修炼'来学习的,而专家则通过'反思'与'研究'来学习"(参见本书第7页)。教师的工作领域是那么复杂多变,构成实践基础的科学理论与技术又是那么不确定。因此,关键不在于将专业的狭隘的理论与技术应用于实践,而是在复杂的情境中,以"反思中行动,行为中反思"这一实践性认识论作为基础,基于经验的智慧与广泛的知见,同复杂难解的问题展开格斗。所谓"好教师",不是没有问题的教师,而是敢于挑战的教师。仅仅有丰富经验的教师,不是教育实践家;仅仅有空洞理论的教师,不是教育实践家;仅仅靠单打独斗的教师,不是教育实践家;仅仅靠自上而下的规划或指标的设计,难以造就教育实践家。"教师作为'教师'成长的场所是学校,其中的意义与可能性,我们必须有更深刻的认识。"(参见本书第132页)优秀的教师一定是自下而上的、基于草根改革而成长的。

本书借助反复的论证和大量的案例表明,教师的"校本研修"是求得每一个教师专业成长的唯一有效的路径。特别是借助课例研究,彼此展开实践活动的反思与评论、实践经验的交流与分享,从而培育起教师洞察学习的可能性,同时根据情境做出选择与判断的实践。这就是教师的专业成长与教学改造的基本方法。

教师教育的改革涵盖了众多需要探讨的理论性、政策性、实践性的课题。纵观世界,各国的教师教育都非一帆风顺。为了教师作为"反思性实践者"的成长,我们需要从一切成功与失败的经验中学习。本书围绕教师专业成长的课题所提示的一系列精辟见解与判断,就是一份宝贵的思想财富。贯穿全书的一根思想红线是,强调在 21 世纪的社会里教师的专家形象要从"教的专家"转型为"学的专家",要拥有"反思性实践者"的涵养(参见本书第 54 页)。这是因为,今日学校教育的体制发生了变化——从以教师的讲授为中心的教学体制转型为以儿童的学习为中心的教学体制。教师的专业性也伴随着这种变化而发生了变化——从以教学技术为中心转型为以儿童的学习设计与反思为中心,因而教师的角色也应当从"教的专家"转型为"学的专家"。"教师的人生是持续学习的人生。向儿童学习、向教材学习、向同事学习、向社区学习、从自身的经验中学习——正是这种持续学习的步伐,构成了教师的人生。这种步伐极其稳健,是通过认认真真的实践积累而成的。"(参见本书第 63 页)当然,教学的改造与创新并不是全盘否定传统。"没有传统,创造也无从谈起。"(参见本书第 148 页)"在转型期中最要注意的是不能忽

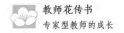
视传统,不能放弃对创新的挑战。"(参见本书第 149 页)我国教育部在 21 世纪初颁布的《教师专业标准》和《教师教育课程标准》,也是旨在摆脱传统的师范教育制度的束缚,促使教师从"技术熟练者"成长为"反思性实践者"。我们面临着同样的教师教育改革的挑战,同样亟待研究"反思性实践者"模式的教师教育的一系列理论课题与实践课题。

　　本书传承日本典籍《风姿花传》(即《花传书》)所描述的学习的精神,结合晚近日本中小学"学习共同体"的学校创造的改革案例,鞭辟入里地描述了教师作为专家得以成长的"道"与"术",同时也为读者求解教师教育改革的实践课题,提供了锐利的思想武器。这是一份不可多得的从理论上与实践上梳理日本教师成长的固有文化特征及其成功经验的范本,值得我国的教育工作者、特别是一线教师好好珍视、细细品读。

钟启泉

2016 年 3 月

中文版序

　　本书的标题出自 15 世纪日本的艺术理论著作《风姿花传》（通称《花传书》）。《风姿花传》为古典艺术能乐的创始人观阿弥的儿子世阿弥所著，是世阿弥为后世传承其父观阿弥的艺术秘法而创作的哲学作品。在日本，能乐曾经作为武士阶层的艺术，400 多年来广受喜爱，现在能乐已成为日本最高层次的传统艺术。《风姿花传》是艺术学习方面的名著，如此卓越的艺术哲学竟出自 600 多年前的先人之手，实在令人叹为观止。

　　这本《教师花传书》受到《风姿花传》的启发，主要阐释了教师的教学技法及其学习方法。美国心理学之父威廉·詹姆斯（William James）曾经说过："教师要学习的心理学，不是'科学心理学'而是'哲学心理学'，教师的教学实践不是'科学'，而是'艺术'。"由此可见，有必要对此进行重新认知，即教学实践的技法是"艺术"，教师的学习也是"艺术的学习"。

　　教师教学实践的本质是"哲学"和"艺术"，这对于继承东亚文化、学问与哲学的人们来说是容易接受的。中国与日本的艺术与哲学传统也存在这样的认知。本书自出版以来，受到日本教师的广泛欢迎。衷心希望其中文版也能受到中国教师们的喜爱。

本书频繁引用日本的典籍，其翻译的困难程度可想而知。因此，要向圆满完成本书翻译、审校工作的尊敬的钟启泉教授以及陈静静博士深表谢忱。钟启泉教授是我多年的挚友，曾经翻译了我的多部作品，也正是因为钟教授的厚爱，本书的中文版才得以出版。而陈静静博士是钟教授的爱徒，她是一位优秀的青年研究者，曾经在东京大学留学，在我的研究室学习并顺利完成了博士论文。再次对二位的努力表示深深的敬意。

教师不但是具有高度知识与理论的专家（professional），同时也是具备高超"艺术"（技法）的匠人（craftsman）。希望本书在丰富教师作为匠人的技法方面，助广大教师们一臂之力。

佐藤学

2016 年 3 月

世阿弥在《风姿花传》(1400—1402)中写道："花是心,种是技(书中写为'態')。""花"是表现出来的美,而"技"则意味着基于体验的身体技法。书中还论述到,如果想要了解"花",那么首先要知晓"技"。"花是心",而"种是技",从而指出了"花"是美的表现,其"心"(思想、哲学)是摒弃私心杂念,日复一日练功修养所形成的"技"(基于体验的身体技法)所成就的。

这本《教师花传书》秉承《风姿花传》的精神,指出了教师洗练教学,形成"妙花"的"心"(思想、哲学)以及"花"的"种"(基于体验的身体技法、智慧)的方法。

处于历史转型期的教师们,不但要成为"教的专家",还要通过修炼和研修成为"学的专家"。如今在教育改革的喧嚣中,学校处于迷惑、混乱之中,教师不应随波逐流,而是要不断地回到自身应处的位置,一心一意地投身到教学实践之"花"的创造之中。这种"心"(思想、哲学)的洗练和作为"种"的"技"(基于体验的身体技法、智慧)的持续学习是重中之重。教师只有通过自身的自律和丰富的修养才能度过这个艰难的时期。真心期待本书能够成为教师们奋发图强的秘籍,正所谓"秘而成花"。

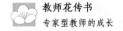

　　此书由本人自 2007 年 4 月至 2009 年 3 月连载于期刊《综合教育技术》上的 24 篇题为《教师花传书》的文章编撰而成。由于工作繁忙，写作过程常常几经推迟，为此要感谢小学馆《综合教育技术》编辑部的塚本英司先生，两年来他给予我无限鼓励，并将论文编辑成书。

佐藤学

2009 年 3 月

第一部分

专家型教师的成长

教师的学习与成长：《花传书》①的启示

一、《风姿花传》的启示

《教师花传书》的标题源自于世阿弥②（1364？—1443）的名著《风姿花传》（通称《花传书》）。联想到当前"教师备受欺凌"的现状，似乎《教师武艺帖》比《教师花传书》更招人喜欢吧。也正是因为处于这样的时代，教师们认认真真专注于自己的工作、探究专业之路才是正途。

另外，我也听到许多读者的呼声，希望看到《教师指南》，但因为我多年来一直受教于教师，而非教导教师，所以在广大教师

---

① 《花传书》即《风姿花传》，是世阿弥所著的能剧理论书。此书以其父观阿弥的教导为基础，加上世阿弥自身对技艺的理解著述而成。世阿弥在 15 世纪初完成此书。全书共 7 篇，前 3 篇于应永 7 年（1400年）写成，余下则为其后 20 年间写作、改订而成。《风姿花传》的内容包括能剧的修行法、心得、演技论、演出论、历史、能剧的美学等。它既可作为能剧的技艺理论来读，也是日本美学的古典作品。

② 世阿弥（1364—1443），日本古代戏剧大师，原姓结崎，名元清，幼名藤若九。他的父亲观阿弥（结崎清次）也是著名的能乐演员和剧作家。他最著名的理论著作有《风姿花传》、《花镜》、《能作书》等，堪称日本古代戏剧理论的一个宝库。世阿弥这些理论著作，当时都是手抄秘传，并未公布于众，后来才逐渐被人发现，整理出版。他的戏剧理论，都是其父子二人和其他戏剧大师们艺术实践的总结。

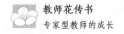

读者的面前，我还不具备写《教师指南》的资质、能力和知识。

还是先说说《风姿花传》这本书吧。《风姿花传》是世界一流的艺术论，同时也是一部提出学习思想传统的古典名著。如果您还没有读过，请一定品读一下。

这本书可谓经典中的经典，至今仍然熠熠生辉，令人惊叹，难以想象如此高超的艺术与学习哲学竟出自这本 15 世纪初的著作。令人遗憾的是，这本书一直以"一子相传"①的方式秘藏于观世家和金春家中，直到 1909 年才得由吉田东武向学界介绍，为人所知。如若尽早公开出版的话，这本书无疑将成为世界一流的名著，为国外所熟知。

《风姿花传》是世阿弥 40 岁前后的论著，"微风下，心与心的传承即为花，故名'风姿花传'"。正如本书中所述，《风姿花传》是世阿弥为了将其父观阿弥的艺术传承给子孙后代而著述的能乐教科书，简洁明晰地记载了能乐的表现技法以及练功的方法。《风姿花传》的核心在于说明如何让艺术之美——"花"达到"妙花"（幽玄之美）的境界，而作为教育书籍，其"练功"（学习）的体系也令人着迷。

世阿弥将个人对艺术的学习分成"七岁"、"十二三岁"、"十七八岁"、"二十四五岁"、"三十四五岁"以及"五十多岁"七个时期，记述了各个阶段需要用心"练功"的方法与心得。之所以终

———————————

① 古代将绝技只传给一个儿子的传承方法。

结于"五十多岁",是因为其父观阿弥在 52 岁就去世了。在去世之前,观阿弥所表演的能乐仍令人深感"恢弘绚烂"。

书中多是金玉良言,其中最令人称道的是写成"態"(态)而读作"技"的这个词。这里的"技"与我们一般所说的"技能"的"技"有所不同,它表示一种身与心的构造。艺术之"花"来自于"技"的极致。世阿弥认为,能乐的技艺在"三十四五岁"达到极致。"慎重严谨"、反复练习,"诚之花"所达成的艺术成就将受用终身。

世阿弥指出,要"慎重深入地学习",因为"擅长者也非样样精通,拙劣者也有可取之处"。"擅长者是拙劣者的榜样,拙劣者要认认真真向擅长者学习,同时,擅长者也要学习他人的可取之处,从而使技艺更上一层楼。这就是至高无上的道理。"可以说这其中也道出了学习的真谛。

《风姿花传》中所记述的"技"不是当今所谓"指南"中所说的"技能"(skill),这里的"技"是一种基于体验的身体的构造方式,是在场的方式,具有与某种对象相关的意味。世阿弥将艺术的表现比喻为"花",而将"技"比喻为花之本源的"种"。

"技"与"心"结合之时,艺术便成为"无心之花",可谓"幽玄"的"妙花"。"技"不是单纯的表现技法的技能,而是指称基于体验的身体动作技法的概念,它进一步拓展了表达的境界,被看作"心"(思想)的存在方式。

二、教师的能力

之所以连载《教师花传书》,是希望能够在教师的教学实践

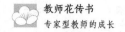
及其作为专家的学习的语境中，对《风姿花传》中的"技"所表现
的"基于体验的身体技法"及其学习进行阐释。

迄今为止，论述教学技术和技能的书为数不少，其中多为
"教学法"或"教学理论"，是向教师传授教学的技能和方法的所
谓"指南书"，而不是传授教师"练功"（学习）的原理以及做法（身
体技法）的"花传书"。《风姿花传》通篇贯穿着学习的思想与方
法，与教师的工作有着异曲同工之处。

当然，《风姿花传》中学习的世界与教师的世界并不完全一
致。《风姿花传》中的学习是表现美的艺术，而教师的学习则是
教学实践，是文化的、社会的、伦理的、实践的学习。教师工作中
的知识和技术，既带有艺术家的性质，也带有匠人的性质、科学
家的性质乃至技术人员的性质。《风姿花传》中的"学习"是"模
仿"与表现，而教师的学习不能局限于模仿。

但是，《风姿花传》中表达的学习的精神、哲学和做法与教师
的学习是相通的，仿照《风姿花传》来描绘教师的学习世界，这一
做法大有深意。

首先，让我们梳理一下"教师的学习"的内涵。教师的工作
既有匠人（craftsman）的一面，也有专家（professional）的一面。
从课堂上教师的身体动作来看，成熟型教师举手投足都潇洒流
畅，从不拖泥带水，教学对他们来说就是"拿手好戏"。他们将教
师作为匠人的一面鲜明地表现了出来。

但是，教师的工作并不仅仅是靠匠人的技能就能完成的。
教师工作的另一面，即如何设计教学、选择教材内容、了解儿童

发言的意义等，都需要复杂的、高度的认知判断才能达成。而这就是教师作为专家的一面。

一般而言，匠人的动作是无意识中进行的，而专家的思考则是有意识的。匠人的动作是显性（visible）的，而专家的思考则具有隐性（invisible）的特质。

作为匠人，教师的世界是由"熟练的技能"、"经验"、"直觉或秘诀"构成的；而作为专家，教师的世界则是由"科学的专业知识"、"技术"、"反思与创造性探究"构成的。另外，匠人是通过"模仿"与"修炼"来学习的，而专家则通过"反思"与"研究"来学习。

二者的相互结合就形成了教师的力量，或称能力（competence）。虽然"力量"一词常常用于描述教师职业践行能力，但我还是想用表现教师职业实践力中的"能力"（competence）来表达。可以说教师的能力是匠人的能力与专家能力的综合体。

三、教师的能力及其学习

教师的能力，无论归结为匠人的能力，还是归结为专家的能力，都是片面的。一方面，有人一看到哪位"教学优秀"的教师，就会拼命去追捧，一味模仿其教材、技术和技能，对相关的科学知识、与学科内容相关的专业知识以及教育哲学完全不予理会。

而另一方面，有人虽然热心研究与学科内容相关的专业知识、教育哲学以及学习理论，但其课堂却依然是传统的班级授课，完全不讲究启发、促进儿童的学习的技法。总之，不能狭隘

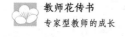

地看待教师的能力与教师的学习（研修）。

与其他专业（医生或律师）相比，教师的能力确实是复杂而综合性的，具有专门知识、科学技术所难以涵括的"不确定性"（uncertainty）。即便是读了教育哲学的书，也不能马上形成教师的实践哲学，学了学习理论，也不能完全实现学习理论中所倡导的课堂教学。

所以说，教师的能力既不能简单归结为匠人的能力，也不能完全定位为专家的能力。

这本《教师花传书》着眼于教师工作的"妙花"以及让课堂的"妙花"绽放的"技"的学习，描述了我所观察到的课堂实例。教育改革一片喧嚣，学校愈发混乱迷惑。越是在这种情况下，教师们越不能被喧嚣所扰，而是要认认真真地回到教师的正途，探究未来的道路，这才是最关键的。本书将给予读者们以鼓励和支持。

创造性的教师技法：教学"妙花"的绽放(1)

一、教学的"妙花"

参访了那么多学校和课堂，我经常会遇到如"妙花"(世阿弥《花传书》)一般洗练度和达成度都很高的成功的课堂。山梨县久那土小学古屋和久老师的"成功养蚕"(小学三年级综合学习课)一课就是其中一例。

五年前古屋老师就曾邀请我去听课，直到 2006 年 10 月 26 日，才算得偿所愿。我在久那土小学观摩了他的课。那天恰逢该校的"学习共同体"的公开研究日，邻近学校的 100 来位教师也前来学习。

古屋老师本年度的学习目标有以下三点：

1. 让学生养蚕、采蚕茧、抽丝；

2. 让学生了解与养蚕相关的民俗；

3. 邀请家长(包括祖父母)作为学习者共同参与。

走廊里饲养着 100 多条蚕，各种养蚕的工具一应俱全。我们刚踏进班级的门，学生们突然就问："哎，东京人把蚕宝宝叫什么？"他们满脑子似乎都是关于蚕的事情。

刚刚上课五分钟，学生们就四人一组，拿着古屋老师编写的《养蚕的一年》和《成功养蚕法》不知不觉地讨论起来。

每个人都目光炯炯，柔和地、雀跃地协同学习着。尽管只有

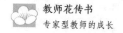
13个人，人数虽少，却有着掷地有声的存在感。

走近他们，侧耳倾听，"拉线"、"蚕夹"、"蚕匾"、"纸张幕"等养蚕用语此起彼伏，通过询问家长得知，学生们把从养蚕博物馆学到的东西以及从网上查到的信息都用上了。

交流如同丝线一样纤细，协同学习的情景如同"织物"（texture）一样鲜明。教学还没有开始，学生们就如饥似渴地投入学习中去了。

古屋老师为本课准备的教材有三种：旧丰富村山神社中的供奉纸、纸张幕（养蚕用具）上描绘的骏马图、讲述姑娘与马相恋的《马女婚姻谭》①（上九一色村的传说）。这堂课是想通过神社的供奉纸来认识人们祈求"成功养蚕"的心愿，用蚕和马的关系

---

① 《马女婚姻谭》是民间传说故事集《远野物语》里一则人马悲恋的故事，讲述了蚕神的由来。在很久以前，一个丧妻的老人和女儿相依为命。家里还养着一匹马，女儿非常喜欢这匹马，甚至每天在马厩里过夜。老人非常生气，就趁女儿不在，将马牵到一片桑树林内杀死了。女儿知道后非常难过，跑进桑树林，抱着马的尸体就哭了起来。老人越发生气，一斧头砍下了女儿抱着的马头，突然，马头化作一阵烟带着女儿飞向了天空。老人回家后非常伤心懊悔，哭着睡着了。梦里女儿告诉他，到了春天就到饲料桶里去找长得像马脸的虫子，给这种虫子吃桑叶就会结茧。只要他把茧纺成丝拿去卖，就能生活无忧。到了春天，老人照着梦里女儿的话去做，果然看到了虫子，他小心饲养着这些虫子，最后过上了富裕的生活。老人为了纪念女儿和马就将蚕丝做成人偶来祭祀，这就是蚕神的由来。

的表现和传承来了解养蚕中秘藏的历史和养蚕人的心性。(课堂的详细过程与解说将在下一篇中详细描述。)

二、卓越性的展开

甫一上课,首先令我感叹的是小组中沉迷于协同学习的学生们的身影。每个人都自自然然的怀着雀跃的好奇心,共同思考和交流着。这种知性的共同探究真的太精彩了,我从来没有见过学习方法如此洗练,实现了如此高质量的协同学习的课堂。一个孩子在笔记本上对协同学习的情形进行了如下描述:

达哉问:"这是什么意思?"当我不知道怎样回答的时候,美纪和正弥开始了共同学习,然后我们四个人一起思考怎么办。美纪说"懂了!",然后向达哉进行了解释。即便这样达哉还是不明白,于是我和正弥一边听着美纪的解释,一边向他详细解释着:"这样更好","这样更容易理解了吧"。达哉终于明白了。虽说学校为三年级制定的目标是"关联倾听,关联讨论",但同学们已经不仅仅是"关联",而是能够做到"关联的扩大"。现在我和达哉、和树是同班了,要更密切地联系在一起。(摘自智美的《学习笔记》,人物均为化名)

记下这段笔记的智美从最高层次(即哲学层面)上理解了学习的内涵:学习是从(他者的)问题出发,动员自己与伙伴的经验与知识,直至解决问题的协同探究的过程。同时,她也理解了"关联的扩大"促进了学习的深入的道理。

观摩教学的一位家长进行了如下记录:

我也忘记了年龄，如同小学三年级学生一样参与到课堂中来。我从孩子们身上学到了很多，这令我惊讶。我想我会更多地参与到教学中来。虽然身为祖母，但我想同三年级学生一样一起投入学习。

无论学生还是家长都乐于参与的"学习共同体"的课堂在这里实现了。

三、作为修养的学习

我与古屋老师的相识可以追溯到 15 年前，当时，他作为山梨县派遣的研究生在我所执教的东京大学学习过一年。

他一直致力于"民俗学的教育实践"研究，常常来我的课堂听课，对我所提出的"作为对话实践的学习"理论（"与物的对话实践"、"与他人的对话实践"、"与自己的对话实践"三位一体的理论）以及"作为学习共同体的学校改革愿景"予以充分的理解和支持。

通过一年的研修，古屋老师在当地教育委员会的安排下，进行了三年"民间故事教材"的调查和编辑工作。今天课堂上所使用的教材《养蚕的一年》以及《成功养蚕法》就是其中的成果之一。

后来，古屋老师再次回到了学校，开始着手实施我所提倡的"作为对话实践的学习"（学习的三位一体论）的课堂教学，并进行"学习共同体"的学校改革。其改革实践得到了东京大学佐藤学研究室的毕业生们的大力支持，如小国弘喜（现为早稻田大学副教授）、岩田一正（成城大学副教授）、佐藤英二（明治大学副教授)等等。他们每年都会去古屋老师那里听课,对他的课进行录像,并不断地与古屋老师合作进行课例研究。

另外,古屋老师还获得了久那土小学的同事们的大力支持。古屋老师作为研修主任提出了全校共同创设"学习共同体"的建议,这一建议得到了全校教师的认同。当学校的研修进入第三个年头,古屋老师的观念发生了变化。他说:"我心目中关于'交响的教学'的意象(image)发生了变化。我之前一直认为'交响的教学'就是将学生们的思考如同'星座'一样串联起来,我想为了实现这样的教学,就要研究有趣的教材以及适切的教学方法(技术)。但是现在面对三年级的学生,我的想法发生了些许的变化,'交响的教学'应该像一颗石子投入水中泛起的波纹一样,敏感地反映着课堂中生成的教学。"

关于"交响的教学"的意象从"星座"转变为"水的波纹",这种思想转变是根本性的。将"波纹"作为"交响"的基础,教师就必须站在展开学习的儿童的视角来探究教材。如何将教室中产生的多样且复杂的"波纹"串联起来,如何使其扩展开去,成为考验教师技法的重要命题。这也是古屋老师的实践研究的新课题。但是古屋老师却没有感到任何的"不可思议"或"新鲜",他写道:

创设"学习共同体"的实践研究,并没有让我感到不可思议或新鲜。这是与所面对的学生直接相关的研究,越专注于此,越感到这就是每天的教学应该研究的事情。这是在探求教育的原点,这是20多年来的职业生涯过程中已经具备的东西。不断砥砺真正必要的东西，下决心剔除不必要的东西，可以说这就是教师的工作，这就是我的生活方式。所以在我看来"学习"的实践研究既是严格的，同时也是有益的。经过三个学期，放学后或者无论什么时候，只要有一点时间，我都会一边喝咖啡，一边与同事聊教学，这让人心情舒畅。

多么响亮的话语。教师的实践研究并不是要加入"新的东西（知识、技术）"，而是要"不断砥砺真正必要的东西，下决心剔除不必要的东西"，这句话真的是至理名言。

可以说，作为成熟型教师，古屋老师的研修正是其自我充实的"修养"。

古屋老师任教的久那土小学的毕业生们升入了久那土中学，该校也成为了"学习共同体"的领航学校。从今年开始，久那

▲ 图1　2006年10月20日，久那土小学"学习共同体"的公开研究日

土小学和久那土中学将携手合作,共同推进"学习共同体"的改革。古屋老师的教学得到了当地同事们的共同支持。

我将会在下一篇中具体描述我所观察到的古屋老师的课堂中绽放的"妙花",我从他的课堂中学习到的东西真是多不胜数。

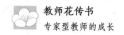

创造性的教师技法：教学"妙花"的绽放(2)

一、教室中的气息

继续前一篇的话题，这一篇将讲述我在山梨县久那土小学（时任校长今村文子）古屋和久老师的"成功养蚕"（小学三年级综合学习课）一课中观察到的"妙花"。

进入教室的前几分钟，我就可以将课堂上的种种要素串联起来，如"学生学习的特征和成熟度"、"学生们面临的问题"、"学困生所面临的困难"、"教师教学的基本构造"、"教师所面临的困惑"、"教师之前所经历的过程"等等。连我自己也无法解释我到底是如何能够认识、怎样作出判断的，为什么在数分钟的时间内就能做到完全了解。这可能就是我长期进行课堂观察所练就的"技能"，是大量的经验与直觉淬炼而成的"专技"吧。

即便如此，观摩古屋老师的课还是让我感触良多。课前五分钟进入教室时，学生们已经在等待上课了。他们分成小组，拿着教科书，雀跃地开展着协同学习。学生们投入的状态，让人以为这节课早已经开始了。

一般的教师以目标达成为中心来展开教学，而创造性的教师则会聚焦于教学的开端。从一开始就认真对待，细致入微的开端可以说是创造性活动的共通特征。创造性总是意味着开端。上课开始前学生们展现出了无意识的协同学习的姿态，这就是领会了创造性学习的精髓了。

上课之初我最为关注的是课堂中的"气息"；在听课过程中，有些课堂感受不到"气息"；有些课堂的"气息"很乱，有些课堂的"气息"却很整齐；有些课堂的"气息"很浅淡，有些课堂的"气息"却很深沉。可以说，教学开始之初教室中的"气息"就决定了此后的一切，因此教室中的"气息"对教学的成败至关重要。

古屋老师的课堂中的"气息"是绝妙的。教师与学生、学生与学生之间的气息彼此融合，每个人的呼吸都深沉而起伏。一句话，实现了"冲刺与挑战的协同学习"。

所谓"冲刺与挑战的学习"，常以遇到新鲜事物时所引发的"哎?"的惊叹声来表现。这个班级中的学生们与未知事物相遇或面对不同的意见时极为敏感，"哎?"的惊叹声如同水的波纹一样扩散开去。这种对未知事物表现出的知性的"惊叹"，对学习来说是最为重要的感受之一。

可以说，"气息"的起伏和"冲刺与挑战的学习"通过"个体之间的融合"形成了创造性活动的基础。"个体之间的融合"一词是我从作曲家三善晃先生那里学到的概念。

三善先生在表达"合唱"与"合奏"的本质时如是说，协同学习也是如此。同时，三善先生对"气息"重要性的表述也触动了我："意＝心的声音"，"息＝自己的心"。

让我们来看看这间教室中的时间特征。在我看来，教室的时间可以通过"流水的时间"和"积雪的时间"两者之间的交叉点来认识。通常的学校课程是现代的，是直线的、不可逆的、均质

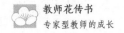
的、单向度地组织起来的时间,如同"流水",连绵不断奔腾向前。

但是,学习是基于体验的身体的活动,是身体所经历的时间,是可逆的、循环的、多重的,是过去与现在的结合,是不断积累的"积雪"一样的时间。古希腊人曾经用"量的时间"与"质的时间"来表示两者的差异。

古屋老师课堂中的时间是可逆的、循环的、多重的。从当地古代生活中所采集的题材(养蚕业)将时间变得多重;一年来,学生们还在教室旁的走廊里学习养蚕。

儿童与父母、祖父母或当地的长者们三代人相互联系,共同开展学习,这样的学习已经发展成将久那土与整个亚洲串联起来的学习。这种学习时空的扩展,让课堂中的学习从根源上就充满着动力。

二、倾听、串联、反刍

古屋老师的课堂教学构造极为单纯,分为以下三个阶段:学生阅读教材《成功养蚕法》(古屋老师编写),遇到疑问互相交流;古屋老师展示旧丰富村山神社中的供奉纸,让学生们了解上面所画人物的各种愿望;展示纸张幕上描绘的骏马图,给学生们读讲述姑娘与马相恋的《马女婚姻谭》,了解养蚕的历史故事和传说。

正是由于课堂教学的构造极为简单,因此对待学生的方式显得更为纤细、柔软而生动。

每个学生的学习方式是多样化的,13 个学生有 13 种学习方式。

今天这节课也是这样。最初发言的学生对"挂轴"的解释与本节课没有直接的关系,而且学生们多数没有见过所谓"挂轴"。如果关于"挂轴"的话题继续展开,就拓展到"挂轴"记录着的关于"蚕神"的文字、"蚕"的多种名称,以及这些名称在中国的由来等等。

当话题涉及"养蚕教师"时,古屋老师拿出了山神社中的供奉纸,让学生们分组讨论上面画的大筷子如何使用。最后关于纸张幕上的画的意义,古屋老师组织了四人一组的合作交流,即在谋求协同的"冲刺与挑战的学习"。

古屋老师的应对是平淡而纤细、温和而复杂的,完全集中了"倾听"、"串联"和"反刍"三种方法。这种应对的绝妙之处在于没有多余的话语或动作,因为如此,学生们对古屋老师的每一个语言和动作都能做出敏感的反应,从而形成了绝妙的"气息"和"冲刺与挑战的学习"。

特别令人印象深刻的是,古屋老师撤掉了讲台,轻轻地坐在学生座椅上,认真倾听每一位学生的话语。因为没有距离,就形成了直接倾听的关系。而且古屋老师的视线与学生的视线水平交流,从而促进学生的深入思考,语言柔和且灵活正是这种交流的结果。

学生们已经完全理解了协同学习就是要建立"联系"。每位学生的发言都与前一位学生的应答相呼应,虽然也常常有看似完全不相关的言论,但这一言论也往往与之前的情境产生关联,协同的探究就这样形成了。

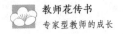
之所以能够实现学生之间的串联,靠的正是古屋老师的"反刍"活动。可以说,古屋老师的教学技法的最大特征就是"反刍"活动。"等一等,这个在哪里写着呢?"这样的语言频繁出现就是明证。师生们不断回归教科书,与教科书的语言相联系。与教科书的密切的对话与交流成就了这节课浓厚的协同学习的氛围。

学生们也能够领会不断回归教科书的学习方法。"这个,在哪写着呢?"在讨论过程中或教师的解释过程中,他们翻看《养蚕的一年》和《成功养蚕法》两本教材的声音不绝于耳,每位学生的发言都会加上一句"某某页写着……"。实际上,这本教材哪怕对六年级学生来说也是相当详尽而有难度的,但每位学生都认认真真、逐字逐句地熟读了教材。

三、学习的表现

可以说,古屋老师的实践是"主题—探究—表现"型的单元学习的典范,表现了学生们"调查"、"串联"和"表达"等创造性的探究式学习的展开。也因此,这间教室被称为"久那土小学三年级养蚕研究所"。

单元学习结束后,学生提交的两类报告也非常精彩。一类是"研究报告",只有一张 A4 纸大小,整理成册后如同"养蚕百科全书",内容丰富。另一类是讲"关于蚕的故事"(民间故事),学生们变成了讲故事的人,创造出民间故事的世界。这两类报告表现出了伊万·伊里奇(Ivan Illich)所提倡的"本土性知识"(vernacular knowledge)的魅力,其对实践探索的深入程度不同凡响。

▲ 图 2 古屋老师的课堂

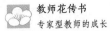

教师的居方(*position*)

一、着眼于"居方"

在世阿弥的《花传书》中"技"是用"態"(态)来表现的,这种"態"是处理事物的方法,不同于技能(skill)。"技能"(skill)意味着与对象、关系、情境相分离的主体的能力,而"態"则意味着在与对象的关系中生成的技法,它是在某种情境中创设和表现出来的。

课堂中最能表现教师的"態"的是教师的"居方"。"居方"①这种说法是我自创的,用以表征教师的教态以及由此而形成的师生关系。因此,也可以用教师角色的"定位"(position)来替换。

通过观察课堂可以知道,教师的教态对教学和学习的成败具有决定性的作用。正在讲课的教师本人可能意识不到,但对于听课的我来说,在一瞬间就可以判断课堂中的协同学习关系是否成立,可以说其中最大的要素就是教师的教态。

例如,优秀教师在课堂中的教态,往往会考虑到与每位学生

---

① 此处所用"居方"二字,或许借用了我国"辨物居方"的表述。"辨物居方"出自《周易·未济》卦辞:"火在水上,未济,君子以慎辨物居方。""居"是指"安置","方"指"方位","辨物居方"意即"辨别众物的性质与条件等因素,使之各得其所"。(审校者注)

的联系,并根据不同的情境,选择最为适切的身体位置。比如在倾听学生发言的时候,对有些学生是凑近倾听,而对另一些学生则会保持一定距离去倾听,这种距离的选择会根据学生的不同而或远或近。

而且,无论在怎样的情境中,教师不仅要完完全全接受学生的发言,还要了解、倾听发言的学生们的感受,并建立起发言学生与倾听学生之间的联系。这才是教师最为适切的位置。优秀的成熟型教师的教态往往是绝妙的。通过教师的教态就可以判断教师教学的结构和力量。

即便教师的教态是如此重要,但很多教师仍然对自己的教态并不讲究,或者说无意识。在之前参观的某节课上,当学生的发言总是处于表层而无法深入、原地打转的时候,教师就会在黑板前面的小椅子上坐下来,与学生处于同一视线高度,将发言串联起来。每当教师采用这样的教态时,就能像大学中的研讨课的场景和关系那样,使学生的思考得到深化,这种情况在课堂上经常发生。这位老师对自己绝妙的教态及其变化也是无意识的。

二、教师的教态与串联的方法

对于成熟型教师来说,课堂中的教态是通过长期的经验培养起来的。问题往往发生在青年教师们身上。观察教育实习生或新教师的课可以发现,习得教态的人凤毛麟角。他们的课堂往往会出现以下情况:教师一旦倾听或回应某位学生的发言,就会切断与其他学生的联系;教室里总是一片嘈杂,或者其他的学生完全没有去倾听。

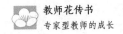
教育实习生或者新教师,即便能够在回应一位学生发言的同时与全班学生保持对话,仍无法在回应部分学生的同时与其他学生建立联系,这是为什么呢?

观察教育实习生或者新教师的课就会发现,他们在竭力进入学生的世界中。这种情况下难以形成和维持与学生的多重联系。课堂中,教师不是要努力寻找进入学生的世界的教态,而应该让学生能够进入自己的身体意象中。

我自己在讲课或者在会场演讲的时候,总是在课堂中的学生或者会场中的听众们进入自己的身体意象中时,才对听众讲话。只有全体听众都能够进入自己的身体意象空间,才能在每一位听众之间建立联系。如果演讲的会场比较宽敞,则听众自己的身体意象空间也会更加开阔,就如同卡车司机,他们身体的意象空间会因为车辆的大小而扩展。

当课堂上的所有学生能够进入自己的身体意象时,教师也会找到立足之地。当教育实习生或者新教师采用进入学生的世界中去的教态时,我们就可以看到他们往往只能顾及到部分学生,而切断了与其他学生的联系的情况。

三、敞开胸怀的倾听

在课堂上面对学生时,优秀的成熟型教师会采用一种被动的教态,这种位置的选择是通过长期的经验积累而形成的无意识的行为,但是青年教师也能够习得这种"教态"。

前几日,我在神奈川县茅崎市滨之乡小学听课时发现,年轻的三年级教师福田悠子老师与学生之间心心相印,水乳交融,令人赞叹。两年零两个月前,当时还是新教师的福田悠子进入滨之乡小学,成为三年级学生的班主任。在这些学生面前,福田老师拼命地高声讲课,因此仅仅五个月之后声带就发炎了。我有些看不下去了,劝她说:"新教师期间就伤了嗓子的话,对老师来说一辈子都不好过,所以首先还是好好保护嗓子要紧。"

两年前,福田老师执教一年级,这之后她在与学生的关系方面有了很大的改进。她所在的一年级有一位学困生名叫洋介(化名),虽然当时福田老师已经具备了以柔和的声音来回应每一位学生的能力,但对洋介却完全不管用。在与洋介过招的日子里,福田老师了解到洋介令人费解的行为和他与母亲的亲子关系及其母的教养方式密切相关。即便如此,福田老师与洋介的关系仍然未能得到改善。

直到有一天,福田老师倾听了洋介母亲的诉说。洋介的母亲也与福田老师一样,在孩子的教育问题上困难重重、磕磕绊绊,福田老师也开始理解洋介的母亲。从那以后,福田老师与洋介的关系有了突破性的进展,洋介的成长更是让人刮目相看。

现在,福田老师教二年级,她与每一位学生都构建了纤细而柔和的关系,并且具备了在课堂中选择绝妙教态的能力,每天认真上课。作为青年教师,虽然在教材研究以及冲刺与挑战的学习方面的组织还有些欠缺,但是福田老师已经建立起了让所有学生都安心学习的课堂,形成了润泽而稳健的协同学习的教室空间。最重要的是,每一个学生都是个性化的、柔和的,他们表情可爱、自自然然地在学习,着实令人欣慰。

福田老师之所以能够做到这一点,其秘密武器就是教态的选择。福田老师在黑板前面放了一把学生用的小椅子,一会儿站着讲课,一会儿坐在椅子上讲。

在与学生对话的时候,福田老师也会倾听学生的自言自语甚至未说出口的话语。福田老师选择了对学生来说最为适切的距离,而且能够维持发言的学生与倾听的学生之间的联系。这种基本上只有成熟型教师才会的教态,福田老师仅仅用了三年时间就掌握了。

福田老师的事例说明,教师的工作是从"接受"开始的。作为教育专家就要从接受每一位儿童做起,从接受每一位儿童背后的家庭和社会问题做起,这就是教育实践的起点。教师的教态就是其具体表现,这是教学实践的基本技法。

▲ 图3 滨之乡小学福田悠子老师的三年级课堂

倾听儿童的声音：教学实践的基点

一、合作关系的基础

在学生能够真诚地协同学习的课堂上，往往都有一位全心全意倾听每一位学生的教师。2007 年 6 月我访问了四所学校：静冈县富士市立岳阳中学、大阪府茨木市丰川中学、静冈县热海市多贺中学以及大阪府高槻市第八中学。这四所学校的多数学生都有着困难的社会背景，但通过推进"学习共同体"的教学改革，学校中的所有学生都能参与到协同学习的课堂中。改革为这些学校带来的巨大变化，堪称奇迹。

岳阳中学曾经是县内有名的"困难校"，改革开始两年多，学校学生的问题行为几乎绝迹，不上学的学生也减少到原来的十分之一，学生的学力也由原来的垫底位置提升到高位。今年一年级学生中也有 12 名学生不上学，仅仅两个月之后，除了有一名学生在接受专业医生的治疗之外，其他 11 名学生每天都会来上学，与同伴们共同学习。

第八中学与之前数年相比，不上学的学生也减少到原来的四分之一，成为保障所有学生学习权利的学校。多贺中学在推进"学习共同体"改革五年后，不上学的学生减少为零。丰川中学在正式进行改革两年后，所有的课堂上学生都能参与到协同学习中来。这所规模庞大的学校变得宁静而沉稳，坐在校长室

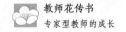
或教师办公室中会有一种周末休息日的错觉。

这些学校的急剧变革堪称奇迹,当然这样的改革不是单靠校长或者教师的力量就能够实现的。小组学生协同、互惠的学习(reciprocal learning),学生之间细致的关照等,学生们的力量也举足轻重。每次访问学校我都会深切地感受到:只要持续学习,学生就不会溃乱,即便家庭离散、朋友分离也不会溃乱。因为学习的权利是儿童人权的核心,而学习则是希望的核心,学校是每一位学生实现学习权利的场所,当学生与教师共同创造高质量的学习机会时,学生们的力量将令人惊叹。可以说正是由于学生们发挥了令人惊叹的力量,学校的改革才得到了推进。

到底是什么促进了儿童的协同学习,这种协同学习如何向互惠学习发展呢? 以下四节课:岳阳中学堤幸士老师的研究教学"绳文时代的生活"(一年级社会学科)、丰川中学北畑谦一老师的研究教学"植物的结构与种植"(一年级理科)、多贺中学出口贵之老师的研究教学"马戏团的马"(二年级语文)、第八中学佐野美乡老师的研究教学"文字与算式"(一年级数学),每一节都很精彩。这让人再次认识到:虚怀若谷、侧耳倾听儿童的声音与言语是教师促进协同学习的基础。

二、在三种关系中倾听

30 年前,我在三重大学教育学部任教,时常到各地的学校访问,观摩教学。从那时开始,我逐渐认识到:"倾听"是教师在课堂中的核心活动。

当时,我在观摩滋贺县丰乡小学若林达老师的文学课"小河与纪夫"①时,受到了强烈的冲击。学生们协同思考与协同学习的能力令人折服。若林老师安静地坐在教室中靠黑板的一隅,认真倾听学生们的言语。若林老师的活动除了点名之外就是倾听了。当学生们的思考陷入僵局的时候,他突然放了一个屁,学生们哄堂大笑。除了屁以外,是什么力量催生出如此洗练的课堂,如此丰富而确实的协同学习? 我在惊奇之余仍然大惑不解。②

　　次年,若林老师的研究伙伴、三重县的石井顺治老师让我了解了这一冲击的意味。当时,我与石井顺治老师一同访问丰乡小学,观摩某位教师的教学。本来学校要在上午进行公开课的展示,中午根据录音做成发言记录供下午研究会的时候用。但老师在讲课的时候忘记录音了。得知此事后,石井老师说:"那我来做吧。"于是他当着我的面,将学生们的发言原原本本地再现出来。这本来就够了不起的了,更加令人叹为观止的是,石井老师再现的教学记录与后来从其他老师处获得的录音磁带的记

---

① 《小河与纪夫》是日本小学文学教科书中的一篇课文,讲述了纪夫一家与小河之间关系变化的故事。纪夫的祖辈们生活在小河边,不但生产生活都离不开小河,还在小河边上交谈、集会,小河边上充满着欢笑声。但是后来,社会发展了,小河还是在继续流淌,可纪夫一家的生活却发生了极大的变化。

② 若林达也. 拓展学生阅读的教学[M]. 佐藤学,解说,东京:国土社,1989.

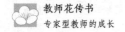

录完全吻合,几乎一字不差。(后来石井老师成为我27年来最为亲密的伙伴。)

两年后,我也能如同石井老师那样记住学生的发言了,其中的关键是构建每一位学生的发言之间的关系。课堂上学生的发言看似偶然,但同时也是必然。每一个发言都如同隐性的网络一样具有内在的关联,只有认识到其中的关系与关联,才能充分了解课堂中交流的状态。成熟型的优秀教师在课堂上之所以能够即兴地、创造性地回应每一位学生的需求,就是因为他们能够认识到这种隐性的内在关联。

我们在倾听学生的发言或言语的时候,不能仅仅只理解发言或言语的表面意义,而是有必要从以下三个方面来认识其中的隐性的关联:学生的发言或言语与内容(教材或资料)之间有着怎样的关系?与其他的学生之间有着怎样的关系?与学生自身之前的思考或发言之间有着怎样的关联?

当然,这种倾听能力的获得并非轻而易举,我自己也是每年观摩研讨500多节课,经过五年多的自我训练才达成的。对于每天都在进行教学实践的教师们来说,如果能够进行自觉的训练,应该会在更短的时间内习得这种倾听的能力。请大家一定持续努力下去。

教师是否能够在这三种关系中倾听学生的发言或言语,我们在课堂观察的时候马上就可以识别出来。以这种方式去倾听的教师,在回应学生的发言时会稍显迟疑,可以说在接受学生的发言时有一定的"留白"。这种一瞬间的"留白",能够深化学生的思考。

　　教师在这三种关系中倾听学生的发言和言语，就会在学生的发言之间建立关联。这也意味着课堂上教师的中心活动是"倾听"。

三、通过倾听建立关联

　　倾听的意义不只在于认识到与教材的关系、与其他学生的关系、与这位学生之前发言的关系，从而让课堂中的交流如同看不见的织物一般。关怀理论教育家内尔·诺丁斯（Nel Noddings）在其著作中这样论述道："很多教师能够理解学生发言的意义，但能够完全理解发言的学生，这样的教师就不多了。"多么含蓄而深刻！

　　这样说来，之前的四位，除了出口老师是骨干教师之外，其他三位都是青年教师。这些青年教师也能如同若林老师和石井老师那样认真倾听每位学生的发言和言语，真是不可思议。

　　即便如此，这些教师之所以能够让每位学生真挚地协同学习，让所有学生都参与到协同学习中来，是因为他们不仅仅只是理解学生发言的意义，而是像诺丁斯所指出的那样，他们能够完完全全理解和接受每一位学生本身。至少，这些虚怀若谷、侧耳倾听的教师们支持着学生们的协同学习，这一点是毋庸置疑的。

　　另外，出口老师、北畑老师、佐野老师的共通之处在于：他们的教学都是由三个阶段构成的，即前后两次小组协同学习加上中间一次全班讨论，三个阶段简洁单纯。正是因为教学的构成简洁单纯，出口老师、北畑老师以及佐野老师才能柔和地、细

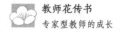
致地、丰富地回应每一位学生的发言和言语。

一旦教学分成四个以上的阶段,教师就会在教学内容及其修正过程中倾注过多的精力,就难以对学生的发言或言语进行纤细而柔和的回应。为了能够纤细而柔和地回应每位学生的发言或言语,就要简化教学的流程。在教学实践中,倾听大有深意!

▲ 图4　岳阳中学堤老师的教学

作为匠人的教师：*craftsmanship*

一、"专家"与"匠人"

教师既是在复杂的知性实践中寻求高度的反思与判断的"专家"（professional），同时也是通过经验积累练就了经验与智慧的践行教育实践的"匠人"（craftsman）。无论具备多少作为专家的教职与教科书的最先进的知识和理论，如果不具备作为教育"匠人"的教学实践"技艺"与实践经验中生成的智慧，那也无法胜任教师的工作。

同样的，无论积累了多少作为"匠人"的教学实践技能或在教学实践中生成的智慧，如果不精通作为"专家"应有的与教职和学科相关的知识和理论，缺乏知性的"反省"与"判断"，教师也会受到传统教学实践的束缚而难以解脱，或被狭隘的经验和独善的思考所累，难以进行教学与学校的改革。

教师的工作具有双重属性，既担负公共的责任，又要绽放教学实践的"妙花"，即兼备"专家"与"匠人"的双重特质。本篇主要阐释教师作为"匠人"的性格特质，而作为专家的性格特质将在以后的篇章中讨论。

人们很少说到作为"专家"的教师，但相反作为"匠人"的教师的性格特质已经说得太多了。"教师是教学能手"、"在课堂上教师应该怎样怎样"等等，以往的教育实践中常常提及的与教师

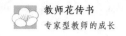
相关的话语基本上都与作为"匠人"的教师的资质、能力及态度等相关。

当然,这也情有可原。在欧美社会,教师与其他行业一样,都是在行会组织的基础上成立的,教师的培养与研修都是基于"学徒制"(apprenticeship)的"模仿"与"训练"。这种"工匠"式的教育传统,即便在现代学校制度化以来的师范学校也基本未变。师范学校是以"职业教育"机构的形式建立并普及起来的。

现在大学中的教师培养也以体验式训练"教育实习"来收尾,这本身就意味着教师的培养不是"专家"式的教育,而是"匠人"式的教育。

另外,校本研修的研究课讨论会上也往往以"该如何教学"这样的与教学技术相关的内容和核心来组织,这说明教师的研修也不是"专家"式的教育,而是"匠人"式的教育。

二、匠人气质(craftsmanship)

我们首先来挖掘一下"匠人"的内涵。建筑家清家清在撰文抨击当前"匠人"与"材料"皆失的现状时写到,"匠人"一词曾经意味着"高超的技艺","匠人"是指"最高级的技术工作者"。

正如清家清所举的例子。1881年"东京职工学校"(东京工业大学的前身)成立之际,正是产业革命后大工厂生产普及之时。在这之前,"职工"和"工匠"还没有废除,"职工"、"工匠"都意味着最高级的技术工作者。①

　　另外，清家还请读者关注，"職"（"职"的日语，日语中的"职人"即是本书中的"匠人"）字是由"耳"、"音"和"绳索"三个部分构成的，即"匠人"工作的中心就是"倾听"。自古以来，建筑工匠不但要倾听屋主的声音，还要依靠倾听来自土地、木材等的声音来构筑房屋。汉字学家白川静所作的《字统》指出，"職"是"耳"字边上搭配"咒语"构成的。如果在"言"字边上搭配"咒语"的话就变成了"識"，这样看来，可以说，"職"是指通过"倾听""神"的声音而践行的工作。"倾听"的"听"字，古代写法的右边是用"聪"来表示的，表现了倾听"神谕"后开悟的人的形象。这意味着"職"是倾听神的声音、凭借神的技能而进行的工作。

　　再回到教师的话题。

　　作为"匠人"的教师的性格特质也集中表现在"倾听"上。我之前参观访问过 20 多个国家的学校，曾向各个国家的优秀教师们询问过："对教师来说，什么是最重要的能力？"得到的回答几乎都是"倾听"。

　　这里所说的"倾听能力"，当然首先是倾听儿童的声音（不只是发言或言语，还包括未能发出的缄默的声音），但却不止于此，还要具备听取教材中所隐含的声音的能力，以及听取教师自身内在的声音的能力。

---

① 清家清.安稳住宅学[M].东京：信息中心出版局，1984.

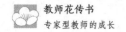
为什么"倾听"是作为"匠人"的教师最核心的能力呢？为了形成课堂中学生之间对话式的交流，教师首先要进行倾听，以此为基础和前提，学生之间的交流关系才能形成。这是不言而喻的。另外，还有以下两个原因。

一方面，"倾听"这一被动行为能够触发教师的想象力。课堂中专心"倾听"的教师，通过倾听儿童的言语或缄默的声音、倾听教材中隐性的声音、倾听自己内心的声音，探究当前学习展开的潜在可能性，正如木匠从每块木料中看到其潜在的可能性一样。

另一方面，通过"倾听"这一被动行为，教师能够完完全全接纳儿童，接受教材的课题、接受自己内部的声音。作为"匠人"的教师，倾听儿童的声音、倾听教材的声音、倾听自己的声音，这是提升自身工作最重要的途径。

三、三条规范

一走进课堂，教师具备多少作为"匠人"的"技能"与"智慧"，一目了然。即便教师的能力水平很重要，但在提倡教职专业化的今天，教师作为"匠人"的能力仍有被轻视的危险。在强调教师在作为"专家"的成长的基础上，不能轻视教师作为匠人的特质。

从科学家、画家、音乐家、医生以及律师的例子可以看出，优秀的"专家"在作为"匠人"的技术、能力、态度方面往往比"匠人"更为优秀，教师也不例外。

强调教师作为"匠人"的特质，在提升教师的士气和伦理方面也具有重要意义。例如，有些教师在垃圾遍地、一片狼藉的课堂中仍能平静上课,在学生们的吵吵嚷嚷之下也能自说自话,说话啰啰嗦嗦、废话连篇,连对学科的基本概念都模棱两可,这样的教师作为"匠人"就是不称职的。

教师作为"匠人"的资质,最重要的表现是"匠人气质"(craftsmanship)。具备"匠人气质"的教师,在工作上往往是纤细的、精心的。相反,不具备"匠人气质"的教师,其工作往往马马虎虎,毫无认真细致可言。所以,教师们首先要做好称职的"匠人",努力提升自我,更加认真精细地完成工作。

我总是希望教师在养成"匠人气质"的过程中遵循以下三种规范。其一是注重对每位儿童的尊重;其二是关注教材的可能性与发展性;其三是注重自身的教育哲学。

在这三条当中,关注其中的一条还是容易做到的。那些无视学生只关注教材的教师,或者无视教材只关注学生的教师,再或者无视学生和教材一味关注自我的教师,这些教师无论作为"匠人"还是作为"专家"都是不够格的。

但是,在日常的实践中同时贯彻三条规范并非易事,在现实的教学中这三条规范之间往往会产生矛盾甚至相互冲突。

然而,即便三条规范之间产生矛盾冲突,仍能不触犯任何一条规范、独树一帜、创造教学的教师令人尊重、敬佩。

进一步来说,教学及其结果的好坏另当别论,无论面对怎样的困难,都能够尊重每一位学生的尊严,尊重教材的可能性与发展性,关注自身的教育哲学,这样的教师才可能获得令人信赖的"匠人气质"。

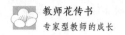
技艺的传承与学习：作为"匠人"的成长

一、花是心，种是技

世阿弥在《花传书》中写道："如果还不知道'花'，那至少要知道'种'。花是心，而种是技。"这里的"花"是指能乐所表现的美，而"技"则是指能乐的表现技法。

读到这一节，我不禁想到 28 年前遍访课堂，寻求"优秀教学"的情景。当时，我听说哪里的教师"出彩"就去拜访，观摩了许多知名教师的课堂，为其课堂的精妙由衷地赞叹。借用世阿弥的说法，我当时是在追求"花"甚至"妙花"。

我从"妙花"的教学中受益匪浅。当课堂上儿童的潜力得到解放时，我感动得几近流泪，这是教师的技法在教学实践中得到深化的体现。几年后，我不再满足于追求"妙花"，我自己也开始站上讲台进行教学。想要深入理解课堂事件，即课堂中有意义的事实，就不能仅仅从观察者的角度来认识课堂，还需从实践者的视角来认识课堂。在 10 年多的时间里，每周去访问学校或观摩教学，我都会"借班上课"，从未间断。

宫坂义彦是我在三重大学任教时的同事。他传承斋藤喜博的思想，追求卓越的教学技术。与宫坂同行去学校访问的时候，我从他那里学到了很多教学技艺。特别是在体育和合唱的指导方面，宫坂老师继承了斋藤喜博教学技术的精髓。我信任宫坂老师所积累的丰富经验,自己进行了合理的整理,接受并习得了这些能力。

五年后,在我所教的体育课上,学生们每个人都能参与体育竞赛或者跳箱运动。在我指挥下,学生们的合唱也能够形成令参观者惊叹的美妙和声。其他的学科也同样令人满意。

但是,另一方面,我总感到自己的做法有些欠妥,但到底哪里出了问题,我又说不出来。最终,那些初上讲台、来听讲座的新教师们让我找到了自己的误区。他们把我带到自己执教的课堂上,把苦恼一股脑地说给我听,希望得到我的帮助。此时,我深感自己的教育学无力应对他们的烦恼,无法解决他们在课堂上的困境。

观摩青年教师的课堂,很容易就能指出其中的缺点或需要改进的地方。但是,即便在观摩这些青年教师的课堂时指出他们的缺点和不足,又有何裨益呢?这些年轻教师依然每日备受困扰。其他人对青年教师缺点和不足的指正只会令他们倍加混乱。好不容易绽放的"青年之花"就这样夭折了。所以,还是要探寻这些青年教师未来之花的根源,播撒和培育这些"花"的"种子"。

二、尺有所短,寸有所长

观摩青年教师的教学,指出其中的缺点,这对任何人来说都不难,但要根据课堂事件来支持执教教师的成长,给予实际的建议就不那么容易了。因为青年教师的教学实践如同线团一样,是由各种复杂的因素交织起来的。

在与青年教师互助的过程中，我开始反省自己一味追求"优秀的教学"、"精彩的课堂"的想法是多么浅薄。作为研究者，我所肩负的使命不是拼命追赶那些站在教学实践顶端的优秀教师，而是对那些每天奋斗在混乱与困惑中的绝大多数教师予以帮助。对所谓"妙花"的追求，不是仅仅沉浸在惊叹与自我满足之中，而是让眼前的每一位教师为"妙花"做准备，因而有必要对"花"的"种"进行研究。我们不仅要师从那些"优秀教师"，更要从"普通教师"，特别是青年教师那里学习。

《花传书》中指出，"擅长者也非样样精通，拙劣者也有可取之处"，其论述如下：

"擅长者如果骄傲自满也会落后，不能达成是因为自满。这是我常常思考的。擅长者是拙劣者的榜样，拙劣者要认认真真向擅长者学习。同时，擅长者也要学习他人的可取之处，从而使技艺更上一层楼，这是至高无上的道理。看到他人的不足之处，也要引以为戒，将其变成优势。"

世阿弥所言极是。令我感到惭愧的是，我用了近十年的时间才明白这个道理。在这期间我结识的教师有数万人之多，我当时一味追求"妙花"，傲慢无礼，在这里向这些教师致以深深的歉意。我从根本上就做错了，我该做的不是追捧"优秀的教师"，而是探究在日常接触中的每一位教师的实践之"花"，从而研究"花"之"种"。

当我意识到这一点的时候，正好有机会观摩中西老师（三重县四日市市的小学教师）的课堂。中西老师是一位 50 多岁的资深教师，与我常常在研究会上碰面。中西老师一直沉默安静，最爱说的话是"我从青年人身上学到了很多"，"我年纪大了，不能像青年人那样来了"。

她专心教学，与青年教师关系亲密。看到中西老师的课，我不但惊叹于学生们高质量的学习，而且叹服于她的清新与柔和，如同金子般闪闪发光。虽然已经到了快要退休的年纪，却如同少女般灵动。

用世阿弥的话来说，这不是"时间之花"（年龄上的年轻），而是多年修养的"诚之花"的美妙。中西老师酷爱读书，很明显，这种修养正是"诚之花"的"种子"。她不但让我认识了"诚之花"，而且也教会了我"种"之所在。

三、技法的学习与传承

当时流行的教师教育方法是"微格教学法"（microteaching）。想成为教师的学生进行模拟教学，根据教学中检验单上的技能对教学进行评价，再对所欠缺的技能进行培训。虽然这种方式很流行，但效果却并不尽如人意。其根本缺陷是将教学看成是各种技术与技能（skill）的集合体。

教学技术不是"技能"（skill），而是"技艺"（craft）或"技法"（art）。教学实践不是日常的行为，而是创造性的。即便是把教学的技法分解为各种"技能"，并将其从教学实践的语境中分离出来加以训练，也不要期望这些技能会在教学中得到活用。假设确有能够通过个别化训练而形成并在课堂中活用的"技能"，如果这种技能通过短短数小时或区区数日的训练就可以习得的话，

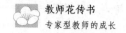

也就没有必要在教师教育或研修中去做了。

教师作为"匠人"的技术不是"技能",而是"技艺"或者"技法",其传承与学习基本上靠"模仿",通过"学徒制"(apprenticeship)的方式加以学习是最合适不过的了。在学徒制的学习过程中,新手不是通过主人或前辈事无巨细的指导和建议来学习的,而是以主人或前辈为榜样,按照他们的示范去模仿,从而掌握实践的方式与技巧。

这种教授最好的指导是"示范"(mentoring),主人或者前辈作为榜样培养新手,从而被称为"示范者"(mentor)。教师作为匠人的"技艺"或"技法"就是在教师社群中通过"模仿"与"示范"的方式来传承和学习的。

对于"技艺"、"技法"的学习来说,最为重要的不是各种"技能"的训练,而是获得实践的总体愿景(vision),形成风格(style)。这就意味着,为了改善教学实践,在训练个别技能之前,首先要形成教学实践的总体愿景,从模仿总体愿景出发才会更加有效。可以说,缺乏教学改革的愿景,每位教师的个人风格尚未形成的研修效果平平。

多数教师过于追求"妙花",所以往往对隔壁课堂的教师疏于学习,对身边的同事的学习也缺乏动力。一句话,学习能力差。而且,太多的教师追求"花",而对"花"的"种"却视而不见。明明只有通过长期的研修培育"种子"才能得到"花",却被"花"遮住了眼睛,失去了培育"花"令其绽放的意识。

最后,分享一件20年前的轶事。当时我在观摩小学一年级新教师的课,一名男生坐不住,站起来到处走,引起了教师们的注意。课后研讨时,包括我在内的教师都从发问的技术和教学展开等方面来讨论这个问题,而一位学校中最年长的女教师却建议道:"看到这个男生的两只手了吗? 只有左手指甲修剪了。这孩子渴望得到父母的关爱。从让这个孩子产生足够的依赖感开始着手吧。"这就是成熟型教师通过经验的积累所培育的"种子",他们看待问题的方式果然不同。

▲ 图 5 静冈县富士市立元吉原中学新任教师的课堂情景

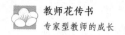

专家型教师的养成：教职的专业性

一、教职的专业性

教师既是匠人（craftsman），同时更是专家（professional）。之前主要阐述了教师作为"匠人"的成长，从本篇开始我将阐释教师作为专家的成长。当然教职的本质是专家，现在最为重要的是教师作为专家的成长。

教师作为专家是不言自明的，但是教职的专业性却并非如此。例如，"教师是教学的能手"，这里所谓的"能手"并不是指其"专业性"，而是意味着教师作为"匠人"的特质。

在日本，"专家"（professional）的概念原本就不成熟。在欧美国家，"专家"最初是指接受"神谕"的人，近代以后，开始用以表示具有"公共使命（public mission）与伦理的责任"、"高度专业的知识与技术"以及"自律性"（autonomy）的工作领域。因此，在欧美国家，能够称为"专家"的首先是牧师，其次是大学教授（professor），近现代以后才加入了医生、律师等行业。

因此，"专家"是指具有"公共使命"、实践能力和自律责任的职业领域。包含这种意义的"专家"概念在日本还不够成熟。因此，往往会将其与 specialist 等词语混同起来，或者误会其是与"业余"相区别的"特定的职业"。

那么，教师是专家吗？一旦被问及这个问题，很明显教师的专业性就不那么"不言自明"了。现实中的教师并没有如同医生、律师或者大学教授那样，获得自律与自由的保障。教师没有专家协会（如医师会、律师协会、学会）组织，尚未确立与专家身份相符的教育与研修（研究生层次），缺乏专家的伦理，缺少具有自律责任与自我管理的伦理性纲领。在日本，教师在法律上称为"教员"，在战前和战后分别被置于"国家的仆人"以及"公众的仆人"的位置。

但是，教师必须被再定义为专家，保障其作为专家的自律性与地位，使其具备作为专家的伦理与责任，实现其作为专家的成长，以肩负起实现所有儿童的幸福以及建设和平、民主、平等的社会的公共使命。与医生、律师、大学教授的责任相比，教师工作的意义与责任毫不逊色。可以说从这个意义上看，教师的工作从其原本含义来看就是最为"专业"的职业。

遗憾的是，即便教师被看作专家，也往往被看作是包含消极意味的"准专家"。因为教师不像医生或者律师那样具有"高度专业的知识与技术"。因此，教师是任何人都可以从事的"简单工作"（easy work）。在一般人看来，教师是每天与学生接触的、最为常见的职业。只要具备"人性"、"热情"与"技能"，任何人都可以从事教师职业。这也是没办法的事，这种朴素的印象因为电视剧或专题片中的教师形象而不断被强化。

因此,近些年,在国家或者都道府县①推进的教育改革中,教师的工作被看成是任何人都可以从事的"简单工作",强调教师是"公众的仆人"或"纳税人的服务者"的改革接连不断。其结果也是异常的:教师们到百货商场研修如何寒暄,到企业研修社会性与勤勉态度,到预备学校研修教学技术,根据校长以及家长的分数来接受评价等等,不一而足。这是在世界上任何其他国家都不会出现的异常现象。

即便如此,教师也要自觉担负起公共使命与责任,日日进行作为教育专家的钻研,进行与专家之名相符的实践创造,这些都是作为专家成长最为有意义的奋斗。

二、作为专家的教育与研修

教师之所以被称为"准专家",是因为与医生、律师等相比较,作为其实践基础的"科学的技术"以及"专业的理论"等方面还具有模糊性,还不成熟。因此教师的工作会被看成任何人都可以从事的"简单工作"。

但是,教师的实践基础"科学的技术"与"专业的理论"的模糊与不成熟,并不说明教师的工作是任何人都可以从事的"简单工作",而是说明教师的工作是复杂的需要高度智慧的实践。或许从这个意义上可以说,教师是"不可能的专家"(impossible

---

① 日本的地方行政划分单位包括:都、道、府、县、市、町、村 7 种。其中"都道府县"指平行的一级行政区,共 47 个;"市町村"指二级行政区,是"基础的地方公共团体"。

profession)。

如前所述,教师的实践包含"匠人"与"专家"的双重属性。"匠人"的性质在于具有相应的关注点、技能和结构,这种学习基本上是通过模仿来进行的。相反,作为"专家"的性质则是洞察、思考与判断,这种学习基本上需要实践经验与科学知识的结合、理论与实践的统整。即专家教育(professional education)的本质是实践经验与科学知识的结合,是理论与实践整合的"判断"(judgement)的教育。

因此,无论是医生还是律师,其教育与研修的核心都是案例研究(case study)。教师也是同样的,教师的教育与研修,也必须将教学实践的案例研究作为核心。

三、作为教职基础的三种素养

在外界看来,教师的实践中"匠人"的特质更为显著,但在内行看来,其作为"专家"的特质才是其核心。在教学设计方面,教材核心的设定、资料的准备、活动的组织;在教学过程中,学生发言的采用、发言之间的联系、探究活动的促进等等,这些都是通过教师的认识、思考与判断来进行的。从这个意义上说,教师的实践在外界看来是"看不见的实践"(invisible practice)。

最近,我在访问学校、观摩教学的时候深感很多课是形式完备而内容空乏的。

缺乏丰富文学性的语文课,强化算数技能却弱化数学意义的数学课,训练英语会话技能却缺少语言教育的英语课,做实验却没有推进科学探究的科学课,以资料认识事物却缺乏对社会现象认识的社会课等等,不一而足。在这些课堂上,即便教学形式完备,其学习却尚未完成。(当然,教师所关心的并非每位学生的学习,而是教学的形式和推进方式,进入了"怎么办?怎么办?"的纠结中。)

有些课堂虽然完成了教学但却没有促进学习,有些课教学形式完备却内容空乏,有些课隔断了教科书背景中的学问与艺术。从这些现象看来,现在的教师与学生陷入了深刻的虚无主义——科学性的知识、艺术性的文化等都无所谓的虚无主义。这种虚无主义从根本上影响了教师作为专家的成长。

作为专家的教师要具备三方面的素养:一是一般性素养,二是学问素养,三是教职素养。从目前的教学中所看到的虚无主义与这些素养的欠缺与衰退不无关系。

教师常常被指责不读书,而且,在美术馆、音乐厅或者市民研究会也看不到教师的身影。他们被繁忙的工作所累,被关在学校和家庭中。这样的教师,其作为教育专家的教养以及作为市民的教养都在衰退。

无论是西洋还是东方,自古以来,教师之所以承担不平凡的教育工作,是因为教师自身比任何人都更爱读书、更加好学,只有那些学者才允许执掌教坛。但现在这一根基已经崩溃,这可算是教育最大的危机了。

教师是"教的专家"(teaching profession),同时也必须是"学的专家"(learning profession),在知识高度化、复合化、流动化的知识社会更应如此。对小学教师来说,所有学科的学问与教养全部得到提升是有困难的,但如果在现在执教每个单元的过程中都能读至少一本新书,教师的阅读就会使课堂上的学习内容有所丰富。请先从这方面着手做起吧!

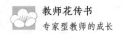
专家型教师的学习：教师作为学的专家

一、作为专家的教师

如果说教师作为"匠人"的能力——"技艺"（craft）是以"匠人气质"（craftsmanship）为基础的话，那么，教师作为专家的能力则是以"反思"（reflection）、"判断"（judgement）等"专业智慧"（professional wisdom）来支撑的。"技艺"通过模仿来传承，而"专业智慧"则要靠经验及伦理的反思来形成。

教师的工作所需要的知识与智慧比一般人预想的多。如同亚里士多德所说："对知晓最好的证明就是能够教授。"如果教师对要教授的内容没有充足的认识，那么这样的教学恐怕会无比空乏。

前几天，在访问某小学的时候，一位具有三年教龄的教师曾说："做了教师以后我才第一次了解了乘法的意义。"为了让学生理解乘法的意义，她开发教材，带着求解 3 打、4 打、5 打果汁的瓶数的题目走进了课堂。乘法虽然带有累加的含义，但如果不能认识其数学意义的话，就不能将乘法的学习与除法及分数的学习联系起来。

但是，一般而言，教师的工作尚未被看成是如此知性的工作。有人会认为小九九是任何人都可以教的，无论是小学教师还是中学教师，只要把教材上写的东西讲清楚就可以了。其证据是：幼儿园教师的养成过程中数学、科学、文学都不教，小学教师的养成过程中数学只要修两个学分就可以获得教师资格。不客气地说，日本的教师即便能够教授教科书中的内容，但对于作为实质性内容的学问和学科教学的教养都是非常欠缺的。

我曾经接受文部省的邀请，进行关于"学力提升"的研究。为了在三年内改善算数教学，我们当时不断在小学进行访问，夜以继日地召开研究会进行公开研究。

我们所观摩的课往往都是热热闹闹，但多数教学活动缺乏数学意义，学生学习状态混乱。在研究会上，当问到"三年研究期间，有谁读过一本数学书"时，所有人都没读过。推进数学教学研究的人却一本数学书都没有读过，这就是当前学校所进行的教学研究的现实。

教学内容、教科书内容的贫弱也让教师工作与专家渐行渐远。在芬兰的中学，仅仅"生物"教科书就有 8 册，每册内容都有300 页之多。在我所访问的中学的"技术科"课堂上，中学生们进行机动车的设计与制作，家具的电脑制图设计和木工制作，电吉他乐器、乐谱、扬声器的设计与制作等。美国的一些中学甚至会进行飞机的设计、制作与销售。而日本的中学现在却还在进行书架等木工制作以及电灯元件的制作等。

二、作为学习的设计者

设计、反思、组织儿童的学习活动等都需要教师具有高度的专业智慧。但是现实是，很多教师在这些方面并不具备必要的学习科学的理论与知识。很多教师也不具备与课程相关的知识

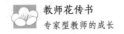
和理论,因此也就无法实施教师作为专家的核心实践,即课程的创造与学习的设计。

大约 15 年前,我重新定义了"学习"的概念,并提倡重构课程与教学实践。我所提出的"学习"的概念是"作为对话实践的学习"。与物的对话(创造世界),与他者的对话(结交伙伴),与自己的对话(重塑自我),这三种对话的实践称为"学习"。这一"学习"概念是我在参照维果茨基的心理学、杜威的教育学、福柯的哲学的基础上自己总结提炼,并在实践中概念化的。"学习"这一用语得到了多数教师的认可,这是我始料未及的。

如例所示,教师作为教育专家进行教学创造时,关于实践的设计与践行的理论是必要的。如果缺乏关于"学习"的理论,那么在课堂上进行"学习"的设计与组织将无从谈起。

如果没有学习科学的知识就无法解答如下问题:为什么协同活动在学习中是重要的? 为什么对话交流能促进探究活动? 为什么以物质为媒介的活动对于概念的形成是必要的? 数学的概念最初是如何形成的? ……

如果缺乏科学哲学以及历史哲学的知识,也就无法回答如下问题:科学探究是如何组织的? 科学探究意味着怎样的思考活动? 历史的概念是具有怎样性质的概念? 如果没有文学理论与艺术理论,也就无法回答文学的表达是怎样的表达、艺术的表现是怎样的表现等问题。

教学实践中学习的促进与组织,是以上各种科学和理论综合起来的持续性的选择与判断的实践,通过对经验的省察与反思而形成的。教师的实践是高度知性的、创造性的实践。

但是，并非只要精通学习科学及其相关的诸多科学，教师就可以践行关于学习设计的创造性实践。对作为学习设计者的教师们来说，学习科学的知识与相关诸多科学理论是必要条件但非充分条件。这一点还是容易理解的吧。

并非精通数学的人就能进行创造性的数学教学实践，也并非精通教育学、心理学的人就能成为优秀的教师。教师作为专家的成长还需要跨越另一个关口。

三、教师的思考与智慧

为什么精通学习科学以及相关诸多科学理论是教师作为专家的必要条件而非充分条件，教师还需要克服什么困难呢？

即便是精通学习科学以及相关的诸多科学理论，也不一定能够开展创造性的教学实践，其最主要的原因是，教师的实践具有这些科学都无法解释的"不确定性"（uncertainty）。

教学实践会因为执教教师的个性，教材的特殊性，作为教学对象的儿童的个性与多样性，教学实践中课堂、学校以及地区的差异等而呈现千差万别的景象。从这一意义上来说，教学实践是依靠比"科学"、"技术"更高级的"智慧"与"技艺"来支撑的。

"智慧"（wisdom）是通过对经验的反思而获得的知识，是一种基于选择与判断的，代表"睿智"的知识样式。

确实具有创造性的、经验丰富的教师，会生动地言说关于学习的真实经验，这是任何教育学者和心理学学者都难以企及的。他们在教学实践中进行着绝妙的反思与判断。这种"实践的智

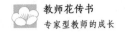
慧"(practical wisdom)才是教职专业性的精髓之所在。近年来教育学用"反思性实践者"(reflective practitioner)一词来表现教师实践中复杂的知性特质与教学实践的"不确定性",这是教师所特有的知识与思考的特性。

作为专家的教师,用专家型教师所特有的方法,在教学实践中直面和解决课堂上的各种问题。专家型教师是在课堂上进行复杂语境下的教学这一文化的、社会的实践,以教师的视角来看待与解决各种问题的"深思熟虑的教师"(thoughtful teacher)。

但是,专家型教师的"实践的思考"与"实践的智慧"到底是什么,还没有完全探明。因为它们是由教师在反思经验的基础上形成的,而且多数是以"缄默知识"的形式发挥作用的,因而难以通过实证性的科学来分析,更难以向新手教师们传授。

例如,可以用骑自行车的能力加以说明。会骑自行车的人以"缄默知识"来操作自行车,并形成了维持平衡的理论。但是这是难以向他人述说的。另外,骑自行车这一动作也难以用实证的科学探究去解释。如何握车把、如何坐在车座上、怎样踩踏板,即便能够分析说明这些动作,也不能向不会骑车的人传授骑车的方法。

教师的工作是在复杂的场景中进行的高度的知性活动,其核心是"实践的思考"与"实践的智慧"。如何才能从这种"实践的思考"与"实践的智慧"中去学习?

既然叫"教师花传书",那么从下一部分开始,我们将逐渐贴近"如何实现教师作为专家的学习"这一主题。

从成熟型教师的教学中学习

一、支撑教职专业性的三种素养

教师作为专家进行教学实践的能力是如何构成的，又是如何发挥作用的？这一课题成为最近 25 年来世界教育学研究的中心主题之一。

其研究成果概括起来说就是，教师作为专家的实践的复杂性超乎一般人的想象，是一种高度的知性实践，同时教师作为专家的实践性知识基础具有"不确定性"，是通过"反思性实践"形成的。教师作为专家的实践多是以"缄默知识"（直觉或顿悟）的方式来发挥作用的。这种"缄默知识"主要靠教师自身的丰富经验与智慧来支持。教师作为专家的成长无法完全依靠个人的力量来达成，而需要借由通过共同挑战创造性的实践而形成的"同僚性"的专家共同体来达成。

这些研究说明，教师作为专家的能力不是"天生的资质"，而是"学到的知性能力"。这一能力是在与同事共同的时间中、在实践与理论不断统合的过程中学习的。教师的专业性知识基础是由三种素养构成的，即与人和社会相关的大量的一般性素养、成为学科基础的学问素养以及支持教学实践方法的教职素养（教育学）。这同时说明了统合这三种素养的案例研究在教学实践中的重要性。

最新的教育学研究促进我们反思目前的在职教育。一直以来,大学或在职教育中心所提供的在职教育,把教学实践看作是"容易的工作"(easy work),因此只给予教师在教学实践中必要的、最少限度的知识与技术。教师们所负责的校内研修也是如此。公开教学的往往是青年教师,研修的中心是"教材解释(研究)"、"教案制作"与"指导技术"等。对教职的专业性的认识比较狭隘,这是因为人们往往把教学实践看成了"容易的工作"。

我参访了 20 多个国家的很多学校,观摩了这些学校的教学,也访问了一些大学,并调查了教师养成与在职教育课程,其中感触最深的一点是:日本教师作为专家的知识基础是多么脆弱。

日本的教师在作为匠人的技术与精神方面是很优秀的,但是作为教育专家的知识与精神还不够成熟。恕我直言,日本的教师虽然精通教"教科书",但教"学科学问"的能力还比较欠缺;虽然具备教学执行技能方面的能力,但在设计与促进学习的教育学、心理学方面的知识还不充分。这一障碍要如何逾越呢?

二、成熟型教师的课堂风景

成熟型教师教学实践的事实能够给我们一些启发。我来介绍一下前几天(2007 年 11 月 1 日)访问静冈县富士市立元吉原中学并观摩资深国语教师田中由美子老师的教学实践的情况。

元吉原中学(时任校长稻叶义治)继该市岳阳中学的改革试点后,成为"学习共同体"的领航学校,现在已经成为"学习共同体"改革中最为安定与优秀的学校(稻叶校长是岳阳中学的前首席教师)。田中老师转入元吉原中学是在该校开始进行改革的两年半之前,作为成熟型教师支持学校的"学习共同体"的创建。

田中老师的教学内容是初中三年级的语文课,鉴赏松尾芭蕉①的名作《奥州小道》②中的俳句"夏草茫茫,豪强梦湮"一句。

田中老师首先让学生多次诵读文章与俳句,并结合松尾芭蕉访问平泉(岩手县南部,西磐井郡的地名)时所看到的景象,引导学生联想文章的语言所表达的景象。田中老师拿出自己在平泉拍的照片,还给学生们提供了描绘这一俳句情景的两张图画,询问学生哪张图画更加符合本文的情境。一张图画描绘的只有

---

① 松尾芭蕉(1644—1694)是日本江户时代前期的诗人,出生于三重县伊贺市。幼名金作,通称甚七郎、甚四郎。他是俳句艺术的完善者,将俳句的艺术性发挥到极致,被称为"俳圣"。芭蕉一生贫寒,酷爱旅行,著有《奥州小道》、《嵯峨日记》等。

② 元禄2年(1689年)3月,松尾芭蕉在弟子曾良的陪伴下西行,游历了下野、陆奥、出羽、越后、加贺、越前等从未到过的国家。他在游历的过程中遍访名胜古迹,有感而发,写成了著名的《奥州小道》。其中包含多篇优美的纪行散文和浑然天成的俳句,反映了他"旅行即人生"的人生观,是蕉风俳句的集中体现,一些经典俳句后被收录在日本中学语文教科书中。本课内容取自其中《平泉》一文,原俳句为"夏草や兵どもが梦の迹",也有译为"夏天草凄凉,功名昨日古战场,一枕梦黄粱"。

夏草,而另一张图画则描绘了处在北上川的岸边吟咏俳句的松尾芭蕉,他的头脑中浮现出义经①、弁庆等武将的形象。在学生们交流之后,田中老师又读了描绘了"夏草"的漫画家矢口高雄的随笔,从而向学生们提示了确定这一句话的意象的鉴赏方法。

教学的后半段是学生们的鉴赏交流。有的说"夏草"的意象说出了"青青的生命力"、"反射阳光的强大力量";有的说"与500年前的夏草相联系,表现了'荒凉的平原'的风景所传达的哀愁"。

中途,一名学生提出疑问:"'夏草や'当中的助词'や'是什么意思?"于是学生们自己发现并交流起来:这个"や"字代表了松尾芭蕉与"夏草"的对话与感叹,是眼前的"现实"与往昔的"梦境"之间的对照。

学生们就"豪强"与"梦湮"也同样进行了意象的交流,最后学生们撰写了"自己的视角"与"芭蕉的视角"两种视角的鉴赏文章,并进行交流,整节课结束。

---

① 即源义经,平安时代末期源氏家族的一员。传说义经拥有如女性般纤细精致的外貌,俊美异常。义经不仅剑术高超,也是用兵奇才,被称为"战神"。他曾和同父异母的哥哥源赖朝一起讨伐平家,大获成功,可惜招赖朝所嫉。按照日本当时的制度,兄弟不能同时在朝为官,赖朝死抓此点不放,不肯让义经接受官职,义经因此抑郁终日,最后终于自刎身亡,成为日本历史上最具传奇色彩的悲剧英雄。

观察这节课时让人印象最为深刻的是,40多名学生无一例外地对松尾芭蕉的俳句兴趣浓厚,品读玩味,每个人在交流自身意象的微妙差异的基础上,形成了对俳句的深刻理解。

我把这节课的教学录像在研究生课上播放出来的时候,研究生们都被这节课自始至终贯穿的稳定而纤细的知性氛围所折服。确实如此,教师和学生一点没有白费力气便实现了柔和而丰富的学习。让田中老师用言语与行动来说明其中的秘密并不容易。

学生们的桌子摆成"コ"字形,田中老师在学生集中的地方摆了一把小椅子坐在上面,认真地倾听每一位学生的发言与自言自语。为什么如此安静的处理方式,竟然能让所有学生都沉浸在俳句的鉴赏中,产生了令所有的参观者都感叹折服的丰富的协同学习状态呢?

三、课堂事件的支撑

观摩以田中老师为代表的成熟型教师的课令人不禁想到,教师的实践是"看不见的实践"(invisible practice)。即便把田中老师在课堂上的言语和行为记录下来,其他人照搬过来,还是难以形成这个课堂上学生的那种学习状态吧。田中老师的教学,其核心行为是"反思"(reflection)、"熟虑"(deliberation)与"判断"(judgment)等"看不见的实践"。

对这节课来说,三个要素是决定性的。一是田中老师对于教科书的深刻理解,二是促进学生与教材的反复对话,三是反复组织学生进行男女混合的4人小组的协同学习。其中每一个要素都是基于田中老师对文学、历史的深刻涵养以及与教学相关

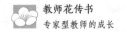
的趋势的经验与理论而形成的。

例如,田中老师为进行《奥州小道》的教学进行了大量的学习,其深刻程度足以与语文学者平等对话。再如,松尾芭蕉的俳句是在西行中开拓的诗歌传统,即是为死者安魂而创作的。"平泉"这个地方不仅代表着那时藤原家族①的灭亡历史,以及义经的悲剧历史,还有更远的古代阿修罗王②的悲剧历史,甚至松尾芭蕉的故乡伊贺上野的悲剧历史等,田中老师是在对这些进行了充分的学习后才走进教室的。

在课堂上,田中老师没有直接宣讲其中的任何知识。这种文学涵养与知识在田中老师回应学生的发言和自言自语的过程中表现出来,其结果是,学生们自己意识到了这些事情,并切实地形成了对认识的重构。

同样,与教科书的对话贯穿了整堂课。多数观课教师都指出了田中老师语言的适切与美好。她的语言准确精练,意象丰

---

① 藤原家族是日本历史上的显赫家族之一。从 8 世纪后期天皇迁都平安(即京都)以后,藤原家族靠着无数政治谋略操纵日本皇室约300 余年,权倾一时。藤原家族的族长,无论在朝在野,都可以左右朝纲。

② 阿修罗王是佛国天龙八部护法神之一,又是一位好战的恶神。他的身形高出须弥山一万由旬,高达二万八千由旬。每月十五日,到大海中化现巨大的身体,海水只淹到他的脐下,头却高出须弥山顶,手障日月。日月天子见其丑形,惊恐害怕,不敢出来,所以天地失去光明。

富,温和舒适,其语言本身就充满文学内涵。田中老师的语言给我的第一印象就是:这是"文学爱好者的语言"。

如果不是田中老师对语言的精选与洗练,如果不是她用话语将学生们的关系联结起来的话,就没法让学生如此沉浸其中。参观者们发表的感想也触及到这一点:"这样的课堂会让学生们喜欢上文学。"

另外,课堂上形成的学习方式也是在田中老师确凿无疑的教育智慧中产生的。特别是她很好地活用了小组协同学习的方式,通过学生之间的协同而产生了每位学生之间的合作,从而形成了冲刺与挑战的学习,进而实现了文学品读多样性的交响。创造出这种协同学习样式的教学改革是田中老师当前所进行的核心研究课题之一。

▲ 图 6 田中由美子老师与学生们

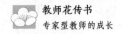

　　这表明,成熟型教师的教学实践是由教职专业性的基础素养、学科学问素养以及教育学的理论与实践等所形成的。如何将这些在教学研究与校本研修中意识化、现实化,是我们需要探究的问题。

教师的持续学习(1)

一、作为教师的生活

教师的人生就是持续学习的人生。向儿童学习、向教材学习、向同事学习、向社区学习、从自身的经验中学习——正是这种持续学习的步伐,构成了教师的人生。可以说,这种步伐极其稳健,是通过认认真真的实践积累而成的。

当前日本的教师生存于"教师受难的时代"。从来没有哪个时代的教师像今天的教师那样工作困难、丧失了人们的信赖与尊敬,每一位教师都怀抱着孤独和不安。每年正月,我都会收到上百封教师的贺年卡,每张卡上都写着"又是严峻的一年",这样的情况已经持续了十年之久。希望新的一年有所转机的贺卡一张也没有。而且教师们亲身感受到对未来的不安已经持续了近二十年了。

另一方面,教育改革风暴不断。在教师们对日常的工作欠缺考虑和理解的情况下强制执行,其结果是教师被不怀好意的媒体猛烈攻击,基于对教师的不信任所产生的择校、学校评价、教师评价不断下压,学校现场越发令人窒息。

要回应这种现实,有两点是必须的。一是不要被各种各样的改革所干扰,认认真真地回到自己的教师工作上。另外就是不被各种"言论"所煽动,在实践中展露通过确实的工作来表现

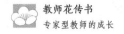
的"自我的语言"。

撰写本书的用意之一,就是希望每一位教师回到自己的本职岗位上,努力养成作为教师的修养,找回教师的尊严,让教师去判断"什么才是对教师的成长最为重要的"。

与围绕教育改革的华丽辞藻或粗糙的语言不同,教师日常实践中的语言才是本源性的,总是悉心地述说着细微的小事。

但是,20多年来,教育行政与业界(报刊与媒体业)的粗糙语言甚嚣尘上,教师自身的语言越发贫弱。"生存能力"、"心的教育"、"宽松教育"、"确实的学力"等等,这些任何人都无法定义的模糊语言泛滥于报纸杂志,因为这些语言的使用,教师们自己的语言消失了,描绘学生学习的语言消失了,教师自我陈述的语言也消失了。

没有比现在更需要教师们用自己的语言去言说"自己",言说课堂上的儿童,言说自己的教育实践的了。

更为重要的是,教师要学会言说自己的修养与成长。再重复一次,教师工作的本质不只是"教学",更是"学习"。这也是本书反复强调的一点。教师同时具有"匠人"与"专家"的双重属性,为了再次强调教育实践的构成,只能将教师作为"匠人"的成长与作为"专家"的成长合并起来阐释。

在任何情况下,"匠人"都是默默地尽全力将工作做好,而"专家"则是活用最先进的知识和最高的智慧来工作。这其中包含着作为"匠人"的教师和作为"专家"的教师的生存自尊与幸福。当前,教师们应该认认真真回到自己的实践中去,回到自己的不断学习和成长中去。

二、向同事学习

教师并非独自一人在成长。教师在教师的共同体中成长。对教师成长大有裨益的是同时兼具"匠人气质"(craftsmanship)与"专家文化"(professional culture)的教师共同体。这种共同体的性格可以用"同僚性"(collegiality)来形容。所以,当学校以"同僚性"为基础来进行组织和运作时,这样的学校最适合教师的学习与成长。

但是,现实的学校并没有承担起促进教师学习与成长的责任。其结果是多数的教师深陷自己童年所接受的传统教育中不能自拔,进行着完全相同的教育实践。这种无法培育"同僚性"的学校,无论对教师作为"匠人"的成长还是作为"专家"的成长都毫无裨益。

无法让教师获得成长的学校在现实中往往积弊颇多,其中之一是学校的运作和校内的教学研究是由总是在发言的人以及声音最大的人来推进的。

我访问过很多的学校,观摩了大量的课堂,而总是发言的人以及声音最大的人是无法进行创造性的实践的。推进创造性的实践、发展儿童潜能的教师往往是安静的、毫不引人注目的、谨言慎行的。

在那些站在教育外围的人不断大声叫喊着教育改革的情况下,那些声音最大或者总是发言的人往往能够在学校运营与校内教学研究中掌握主导权。其结果是,学校与"匠人气质"

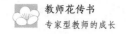
(craftsmanship)和"专家文化"(professional culture)渐行渐远，导致了空虚的言语泛滥的改革与实践。

另外，教师的学习也存在问题。教师们从一般同事那里学习的能力不足。在访问学校、观摩课堂的过程中我观察到了教师们的一些情况，有些教师并没有专心观察儿童学习的事实和课堂里所发生的事情，而是站在教室的后面插着手冷眼旁观。他们从教学实践的事实或者同事的工作中学习的意识淡薄。尽管如此，这样的老师在研讨会上却好像很明白似的说了很多，"这里应该这样，那里应该那样"，给执教教师提出很多意见。

教师们工作的学校里如果有这样的人，那是很不幸的，对于青年教师更是不幸。不能从同事实践的事实中去学习的教师，其蛮横的行为在职场中无疑破坏着"同僚性"，他们不能从关于儿童的事实中去学习，也不能从自己实践的事实中去学习。

三、持续学习的过程

为了教师的学习与成长，学校内的"同僚性"关系的建立是最为重要的。如果不幸学校内的"同僚性"关系无法构建的话，那就与邻近学校的教师们一起参与到教学实践的交流与讨论中去吧。

教师之所以不能从同事的教学实践或课堂事件中学习，原因之一是长期以来形成的评课的恶习，即习惯于评价这一节课"好"或"不好"，"好在哪"或"不好在哪"。这种恶习在成为教师之前或者教育实习生中更为显著，在经验浅薄的教师中更为显著。从中可以明显看出，这种评价教学"好"或"不好”的看法无论对于“匠人”来说，还是对于“专家”来说都是不成熟的表现。

当然，有些教师无论积累了多少经验，也还是不能从评价课堂“好”与“坏”的见识中脱离出来。这些教师虽然有多年的教学经验，但却忽视了作为教师的学习与成长。

令人遗憾的是，教职经历越积累却越是固执与傲慢的教师仍大有人在。

证据之一是，当我把教学研究后的研讨会上的发言记录进行收集和分析的时候发现，多数的发言都集中在对执教教师的教材选择与方法指导的建议上，而谈及从同事的实践当中、从课堂上儿童的事实中有所收获的发言却寥寥无几。这说明，在一般的学校是很难建立“同僚性”的。

我自己也是如此。从开始进行课堂观察五年以后，积累了1 000多次教学观察的经验后，我才真正学会了从执教教师的实践中去学习，从课堂中儿童的事实中去学习，而不是去评价教学的“好”与“坏”。

在这之前，我与一般教师一样，一直忙于评价教学的“好”与“不好”，并向执教教师提出各种所谓的“建议”，现在想来真让人汗颜。

在观察和研讨同事的教学时，最重要的是采用一种相互学习的、谦虚的立场去观察和交流，而不是采用“提意见”这种傲慢的方式。

能够快速学习和成长的教师，往往能够站在这样的立场去

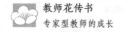
学习同僚的实践,并从观察到的课堂事件中去学习,从自己实践的事实中去学习。这样的教师才能推进创造性的教学实践,练就了这样的学习方法才能不断回到初心,并持续地学习。

令我感到幸运的是,课堂观察开始至今的 30 年间,我每天都能遇到这样的教师:他们认认真真创造教学实践,慎重深刻而又全面细致地反思自己的经验,与儿童、同事共同学习、持续成长。在第二部分中,我将讲述"我所遇到的教师们",从而探究教师学习之路。

教师的持续学习（2）

一、成熟型教师的工作

世阿弥在《花传书》中写到，能乐的"技艺"在"三十四五岁"的时候达到"鼎盛"，在这之后则要"谨慎"。如果"谨慎"地反刍并修炼"诚之花"，那么从"四十四五岁"到"五十多岁"，即便身心逐渐衰老，但却能留住"花"。顺便说一下，世阿弥的父亲观阿弥是在 52 岁去世的，他在去世之前演绎的能乐仍称得上"恢弘绚烂"。

教师的修养可以说也是如此吧。2008 年 1 月，当我正在考虑这个问题的时候，观摩了两位成熟型教师的教学。其中一位是神奈川县茅崎市滨之乡小学的武田信之，另一位是东京练马区丰玉南小学的今井文子。这两位老师与我年龄相仿，都是 50 多岁的年纪。

滨之乡小学武田老师的课是"水的加热"（四年级理科）。武田老师的老练恰如世阿弥所说的"慎重"地追求"诚之花"。在课堂上，武田老师用"漱口药"和"淀粉"来显示试管中温度变化的实验，以成熟型教师特有的方式进行着教学。无论在实践准备方面还是在学习单的制作方面都考虑得无比周到，进行了精心细致的准备。

在课堂上，对每位学生的回应也是如此，武田老师精细周到

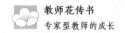

的作风一以贯之。无论对于教材、对于每位学生，还是对于自己的本职工作，武田老师都是诚实的。武田老师的安静就能让人深刻地感受到他对待教学的真诚。

　　正因为我在评价教学的时候曾经重课堂形式而轻学习过程，所以极为珍视武田老师这样的成熟型教师在课堂上表现出来的安定感，这是青年教师可望而不可及的。即便有些骨干教师能够达到武田老师同样的程度，也难以形成如此不经意的、自自然然的课堂吧。这正是成熟型教师的过人之处。

　　现在的滨之乡小学，已经变成了一所年轻化的学校，包括校长、主任在内的所有教师平均年龄只有 31 岁，在课堂中执教的半数教师教龄都在四年以下。因此，武田老师的存在是很重要的，武田老师为上述实践所付出的努力令人感佩。

二、"技"与"心"合二为一

　　我曾经观摩过丰玉南小学今井文子老师"小狐狸阿权"[①]（四年级）一课的教学，那也是成熟型教师才会有的实践。其中一个场景是兵十走在送葬队伍中，草丛中的狐狸听说了这件事。"小狐狸阿权"一课我听过无数次了，而学生们围绕"远处城中的

---

① 《小狐狸阿权》是作家新美南吉的儿童文学代表作，1932 年发表。故事是这样的：一只失去双亲的小狐狸喜欢恶作剧，它看到兵十捕鱼，想要戏弄他，就把渔篮里的鱼放走了。后来看到兵十母亲的送葬队伍，方知兵十捕鱼是为了母亲，小狐狸非常后悔并决定用各种方法赔偿兵十，最终得到了兵十的谅解。

屋檐闪闪发光"一段展开深入阅读的却是第一次见到。

学生们的发言超出了预想,即便如此今井老师仍然不动声色,而是用笑容来接受各种答案:"因为城很远,所以狐狸看到的人并不在城中","当送葬队伍出城的时候,狐狸也出来了","因为城中的屋檐闪闪发光,所以狐狸看到的城中的人也是很耀眼的","能够看到闪闪发光是因为之前一直心情灰暗,闷闷不乐"等等,学生们各种有趣的发言令人应接不暇。接着学生提出,"遥远的不仅仅是城市,'过了大约十天'说明狐狸因为盗窃,所以觉得时间特别漫长","在这漫长的时间里,狐狸一直感到闷闷不乐"。他们还将"遥远"与"远处的钟声"相联系,将课文中的场景愈发拓展了。

今井老师的课可以总结为"倾听"、"串联"与"反刍"三种活动,而且仔细观察会发现是以"反刍"活动作为中心来展开的。通常,教师在组织学习活动时,在"倾听"、"串联"与"反刍"之中,往往是以"串联"为中心去展开的,但今井老师的教学却以"反刍"为中心。这可以说是今井老师作为成熟型教师最重要的特征。

针对所有的发言,今井老师都会让学生回到教科书中的语言或文章中去,回到其他的学生,回到小组,回到之前的活动,可以看出她对于"反刍"活动十分专注。今井老师通过"反刍"活动,推进学生们之间的"串联"性的学习。

当我问及"为什么您在课堂上能够推进学生们互相关联、共同学习"时,今井老师毫不迟疑地回答道:"或许是因为我总是

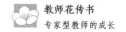

能够设身处地地从学生的视角出发去引发学习、推进教学吧。"
这种毫不迟疑也是成熟型教师才会有的。

今井老师在 2007 年申请提前退休,理由是"身体状况不佳",当时距离其退休年龄还有两年。她说:"在丰玉南小学头一次把教师的事情做得像样了,我感到很幸福。"一席话,令人不禁热泪盈眶。

七年间,我每年都会去观摩今井老师的课,每一年,今井老师的教学都会发生很大的变化。从 50 多岁开始进行课堂变革,今井老师的教学变革却比青年教师进行得更快,真是意想不到!

今井老师原本就是充满魅力与知性的人,而且无论对待儿童还是对待工作都极为诚恳。"年轻的时候,为了兼顾家庭与工作而忙碌,作为教师的学习机会不多。"她一边充满遗憾地倾诉,一边慎重而诚恳地持续学习着。今井老师的历程正体现了世阿弥所说的"技"与"心"合二为一的成熟境界。

三、成熟型教师的成长

成熟型教师们洗练的实践是如何形成的呢?从武田老师和今井老师的事例可以看出,成熟型教师洗练的实践帮助他们形成自我的风格,并不断从内部突破、凝练,从而支持了自己的成长。他们都是安静的教师,是谨言慎行的教师,是对工作无比诚恳、细致周到的优秀教师。

我总是被成熟型教师工作上的"细致周到"所打动。世阿弥所说的怀着"谨慎"的态度,反刍、凝练"诚之花"的身姿就是通过"细致周到"的工作来表现的吧。

现在,多数都道府县的教师平均年龄都在 45 岁左右,教师全部都在向高龄化发展。尽管如此,教学实践中的言说或者与教师相关的言说却完全无视这种成熟度。

一句话概括,现在的学校忽视这些成熟型教师洗练的工作,不仅如此,学校教育中还充斥着空泛的教育议论或学力论争,导致了学校现场的教师语言与精神的衰退。

在这种状况下,多数的成熟型教师无疑深受其苦,只是强打精神继续工作。

更有甚者,有些学校对待那些即将退休的老师就像"包袱"一样,管他们叫"老朽"。美国、加拿大的学校称退休之前的教师为"朽木"(同事间的说法),这种言论令人震惊,难以接受。成熟型教师洗练的工作状态,正是因为其细致,使得青年教师和骨干教师们难以看到其中的过人之处。

在细致方面,成熟型教师的知性比青年教师更加有魅力,其感性比青年教师更有内涵。成熟型教师的"花",不是年轻之"花",而是建立在修养与钻研基础上的"妙花",是教师工作的核心之"花"。

但是,成熟型教师的成长过程难以一般化与理论化,其困难之处在于,成熟型教师的"成熟"的内涵还不够明确。教师的工作是"看不见"的工作,教职专业性的内核是"看不见"的、模糊的。因此,成熟型教师的成长是极为个性化的,可以说,100 位成熟型教师会经历 100 种成熟的轨迹。

此前,学术界对教师"专家"(expertise)的研究,是通过电脑

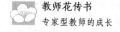

对专家系统的开发而类推出来的。但是,教师成长中的"成熟"是比电脑的"成熟"复杂得多的过程,是一种复合性的过程。这是以电脑为模板的所谓"成熟"的研究所难以解释的。

教师的修养与成长的过程具有一般方式所难以理解的多样性,要根据每位教师的个别案例进行研究。这种多样性更加显示了教职工作的复杂性与丰富性。向成熟型教师学习的意义正在于此。

第二部分

我所遇到
的教师们

小学低年级的文学课

一、"妙花"般的教学

我从 30 多年前开始观摩课堂，与全国很多学校的教师接触过，也从他们身上学到了很多。其中能够堪称"妙花"的高度洗练的课也见过不少。

教学的"妙花"是教师长期的修养与钻研的结晶。前日在名为"新潟自我探究会"的研究会上，我观摩了吴井弘美老师的"狸子的纺车"①（小学一年级文学）一课的教学录像。那就是一节完成度很高的课，堪称"妙花"。

有一段时间没有观摩过吴井老师的课了。录像反映了上课之前学生们的身影，虽然只是一个简短的场景，却已令我赞叹。学生们的身姿是自然的、柔和的。只要看到这些优美而柔和的学生的身影，就能直观地感受到吴井老师的工作已经达到了一种境界，让人预感到其后的教学将跻身小学低年级文学教学的

---

① 《狸子的纺车》是一则童话故事，讲述了一对砍樵的夫妇生活在深山中，常有狸子来捣乱，因此这对夫妇放了夹子来制服狸子。妇人在纺线的时候，一只狸子每晚在门外偷看，并模仿妇人纺线的样子。妇人装作不知道继续纺线。一天狸子被夹子夹到，妇人把狸子放了。冬天夫妇回到村庄，春天再回来的时候，看到屋内有堆积如山的白线，原来是狸子模仿妇人的样子纺出的。

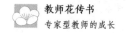
前沿。这种直观与预感是语言难以形容的。或许"推进课堂学习的'气息'"这种说法最为确切,或者可以采用东方哲学中的"气场"的说法。教学开始前的"气息"或"气场"提前决定了教学的一切。

在看这段教学录像之前,我已经作为新潟县五泉市立五泉南小学的课堂观察者,认识了吴井老师。她通透的目光、自信的表情,让人感到"吴井老师成长了"。我的预感没有错。吴井老师开辟了教学的新境界,作为教师,她发生了巨大的变化。无论是教态、方位、与人的关系的构建还是话语的方式,所有这些都形成了新的、统一的风格。

这种教师的变化与课堂的改变,不是细节的、部分的变化,而是与教学的总体性变革相联系的。那么,我们就来仔细分析一下这节课。

二、"技"的支撑

教学从吴井老师的开场白开始:"今天,大家讨论一下本文的最后一个场景。在这之前读过的部分,请每个人仔细阅读每一个词语,然后边看边读。"

吴井老师言简意赅,毫无赘言。语言简练优化是优秀的教学所共通的要件。可以说,只要观察教师以怎样的语言来开展教学,其教学的程度就大致可以判断了。

确认学生们已经读了三遍课文,吴井老师说:"之前讨论过的意象要好好珍惜,今天读过的部分要再仔细读读。同伴们朗读课文时要注意听,然后用同样的节奏去读。"说着,就指名让加奈(化名,以下同)、佐和子、达郎、信吾、良子、干夫、理沙等学生依次朗读。结束后,她又指示全班学生"请每个人按照自己的节奏去读",然后站在最后读完的利代子边上小声地夸奖了一句。

之后她说道:"都读完了吗？在读的过程中,发现写得好的地方,有意思的地方,或者希望大家一起讨论的地方,请用线划出来。在划线的过程中注意小声读出来。"不一会儿,学生们一边开心地笑着,一边忙着划线了。

到此为止的展开用了 15 分钟。教学时间的三分之一用来进行最初的"音读"与"默读",而且每一次的指导语都不同。借由此,教科书中的语言意象在每位学生的头脑中生成、发酵与成熟。

通过对这个课堂片段的观察,就可以了解到吴井老师对语言所抱有的诚实态度。吴井老师对学生的话语和教科书语言的处理,以及对每位学生阅读形成的语言意象的尊重,全都表现出了她对语言的诚实。观摩这节课,让我学到了文学教学的根底,即如同这节课一样,必须表现出对语言的诚实。

吴井老师在课上给了学生充足的时间进行"音读"和"默读",从中可以看出吴井老师对文学学习的信念和态度。文学的学习是通过与教科书的对话、与同伴阅读的对话、与自己本身的对话这三种对话来实现的。这三种对话中,文学学习的基础是与教科书的对话。

可以说,与教科书的对话是与同伴阅读的对话、与自己本身阅读的对话的媒介和基础,但是,多数的文学教学中,往往以"讨

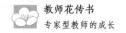
论"作为中心,缺少与教科书的对话。这样的文学学习是难以成立的。

吴井老师的文学课,正是将与教科书的对话作为中心,而且,即便是在讨论时也要不断回到与教科书的对话,让本源意义的文学学习得以达成。这节课中学生学习的构成方面也让人受益良多。

不一会儿,讨论开始了。

"在划线的时候,即使自己没有划线,如果与同伴们说到的地方相同,也请说出来。请尽量说出自己的意象。"吴井老师话音未落,几乎全体学生都笑呵呵地举起手来。每个学生的头脑中都满是关于"狸子"和"妇人"的形象。

真美先开口道:"80 页的第 7 行写着'高兴',高兴到什么程度呢?""非常高兴"、"欢欣雀跃"、"面颊涨红了"、"真的"、"认为自己能帮上忙,所以高兴得跳起来"等等回答此起彼伏。

吴井老师说:"庆介认为狸子是因为能帮上忙所以高兴,这里谁能与课文联系上吗?"一树指着教师边上写着教材内容的模拟教科书说:"上节课讲到白线堆成了山。"一树读完了,其他学生也都读过这一节,于是纷纷提到了"狸子太高兴了,蹦蹦跳跳地跑掉了"的情景。再看看插图中的狸子"脸涨红了",有人说"妇人一定与狸子关系很好吧",引发了一片欢笑声。

佑子说:"这是前面的故事,狸子被圈套套住,是妇人搭救了它。"她通过串联故事来说明"关系好"是成立的。俊树继续回溯前文:"搭救的时候是冬天,现在是春天了。"健太指出教科书更前面的内容，"教科书上写着'虽说是恶作剧但还挺可爱的'"，用以说明"妇人"与"狸子"心意相通。

这些阅读的展开如此自然，而且"啊"、"啊"的自言自语不绝于耳，就像围绕教科书奏响的旋律。学生们说出自己的观点时的欢笑、思考的交流如同美好的交响与织物那样精致地展开。所有的观摩者，包括我在内，无不被一年级学生所创造的文学学习的可能性所折服。

三、教师的修养

如此生动的文学的协同学习成立的秘诀在哪里呢？其中之一是，吴井老师语言的简洁与精当。吴井老师在学生们的讨论中起到了两种作用。作用之一是询问"与此相关联的意见"或者"相关联的人"，从而将每一个人阅读的意象相互融合形成交响，即"串联"活动。

吴井老师从没有说过任何切断联系的话语，如"还有其他意见吗"、"哪位同学你是怎么想的"、"为什么这么想呢"，等等。她的每一句话都是以"串联"为媒介的，这正是值得学习的方面。

另一个秘诀是"反刍"活动。吴井老师频繁地通过"从哪让你这样想呢"、"这个在哪里写着呢"等话语，让学生们阅读的意象不断地回到教科书中的语言，从而触发学生形成新的意象。

令人惊讶的是，一年级的学生们以吴井老师为榜样，习得了这种"反刍"活动。本课的后半部分，学生们将狸子"涨红脸"的喜悦与害羞的心情与教科书中完整的故事情节相联系，展开了动态的学习。

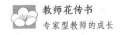
观摩完这节几乎堪称完美的课，我由衷地为吴井老师令人刮目相看的成长所感动。在我与吴井老师相遇的近十年的时间里，吴井老师每天都在与学生们共同探究"学习的成立"、"串联"、"反刍"的方法。

吴井老师的话语多数是我论著中所用的话语，但是，却已经脱离了我的语言的层面。可以说吴井老师已在此基础上形成了自己的身体语言，因此，出现了超出我期待的协同学习的课堂。我从教师们身上学到的东西可谓无穷无尽。

高中改革中的校长领导力

一、奇迹的出现

去年末(2007 年 12 月),在广岛市安西高中召开的公开研究会上呈现的高中改革的事实堪称奇迹。安西高中曾经是广岛市最困难的学校,一直到五年前,入学者半数以上不能毕业,辍学率达到 50％以上,中途退学者每年超过 100 人。

就是这样一所学校,到 2007 年 12 月,中途退学或转学的学生减少到两人,入学的学生几乎全员毕业。所谓"奇迹",不仅是中途退学的学生数减少,而且无论观摩哪间教室,没有任何一位学生不参与到学习中去的。虽然曾经被称为"垫底学校",但每位学生都在认真地挑战比普通高中更高水平的课题。更了不起的是,就是这样一所曾经连保持学生不流失都很困难的学校,到 2007 年学生的升学倍率达到了 1.7∶1(即平均 1.7 人中有 1 人考取),一举跃居于县立普通高中的前列。

在此之前,我一直经历着堪称奇迹的学校改革。1998 年创建的神奈川县茅崎市滨之乡小学的改革,2001 年开始的静冈县富士市立岳阳中学的改革等,这些学校成为小学改革与初中改革的领航学校,为全国各地的教师所熟知。安西高中的改革是可以与之相匹敌的"奇迹"。高中的"学校共同体"领航学校诞生了。

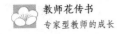
　　能够实现改革大业的学校往往有共通之处,即愿景与智慧兼备的校长的领导力。安西高中也不例外。正是由于才木裕久校长具备了基于改革愿景与确实能力的领导力,这种戏剧性的变化才得以实现。

　　两年前,我与才木校长相识于广岛市立祇园东中学的公开研究会上。祇园东中学也是一所"困难校",在北川威子校长的带领下导入"岳阳模式",推进学校进行"学习共同体"的改革。才木校长与北川校长是研究会的同仁,因为这种联系,准备推进安西高中的改革。

　　但是,高中的课堂一直以来都是以讲座式的课堂为主导,学习共同体的推进绝非易事。三年前,佐久市望月高中着手进行了学习共同体的改革。望月高中也曾经是一所极为困难的学校,入学者中的近四成(30名学生)中途退学。而到2007年度时,学校已达成了无人中途退学的预期计划。

　　另外,两年前,在草川冈人校长的领导下,东京大学教育学部附属中学初中和高中的教室中都开始引入"コ"字形的桌椅摆放形式,采用小组协同学习的方式来创建学习共同体。

　　这些前期的挑战为才木校长的高中改革做好了铺垫。

二、愿景与方略

　　才木校长于2006年4月就任安西高中的校长。在前任校长开展的以学生指导为中心的策略下,学校已经摆脱了最为困难的状态,中途退学者降到了30名左右。但是,看到学生们死气沉沉,"下课后如鸟兽散"的状态,还是让他备受打击。学生们都想尽早逃离学校这个地方。"垫底学校"一般在午后三点就闲散起来，学生们不会呆在学校，多数学生不参加俱乐部活动。安西高中也是如此。

高中的改革与小学、初中相比更为困难。

第一，高中的教师已经习惯了讲座形式的课堂与定期考试这种惯性系统。即使学生对这一系统产生挫折与不适应，也会被看成是学生的问题。无论走到哪所高中，教师的意识与教学方式几乎都难以脱离"精英式"的传统高中组织形式。而且，多数高中教师会把责任归咎于学生的意识、态度和意欲的问题，因此难以成为教育的专家。

第二，高中教师组织存在问题。通常，高中不像小学和初中那样设立教职员办公室，高中的教师是根据学科安排的，因为学科的不同，会形成巴尔干化（分裂）的团体，并以此为基础来进行工作。在这种制度下，校长难以发挥其指导作用，难以变革学校。即便是一部分的教师开始进行改革的挑战，也只会陷入内战状态。

第三，通常高中由 1 000 多名学生和 100 多名教师组成，而复杂的课程以及复杂的组织使得教师与学生把学校看作"共同体"的意识淡薄，每个人都有深深的孤立感。这种倾向在"选择中心"课程渗透的过程中更为明显。这是"购物中心式高中"（shopping mall high school）的弊害。

校长想要在改革中发挥领导力，最为重要的是确实的改革愿景，以及实现愿景所需要的经过深思熟虑的方略。才木校长就任后提出"学校经营改革推进基本计划",要将其建成"愿意让自己的兄弟姐妹和子女去上学"的学校,并为此着手进行了三项改革:1.提高安全性和安心感(学校成为第二个家);2.提升教学质量,推行俱乐部活动,充实仪式活动,强化向心力(充满魅力的学校生活);3.整备学校环境。

为了"让学生愿意留在学校更长时间"、"让学生对学校充满自豪",安西高中进行了协同学习的教学改革,如采用七小时教学时间、实施高一学生的学习合宿、改良校服、高一学生全部参加俱乐部互动等。

其中最令人瞩目的是教学质量的提高以及教科书的变革。安西高中与其他的"垫底学校"一样,采用的是"B类教科书",与升学学校的"A类教科书"相比,纸张和字型更大,插图与照片更多。但是"B类教科书"不但伤害了学生的自尊心,让学生的希望破灭,也会降低教师的教学能力。从"B类教科书"转为"A类教科书"是超越一般高中,设定了高难度学习课题的"冲刺与挑战的学习"的课堂得以实现的前提。不消说,教科书的变化、教学水平的提升、"冲刺与挑战的学习"的导入将会提升学生学习的积极性。

三、让学生找到自我的学校

才木校长鼓励学生与教师以"学习"为中心,建立"让学生找到自我"的学校。结果,毕业成绩不断上升,一年后进入四年制大学的学生人数倍增,一些学生进入了国立和公立大学。选择就业的学生就业率达到了100%,有些在激烈竞争中脱颖而出成为警察,有些在大型企业中谋到职位。这所学校变成了"实现梦想"的学校,中途退学、转学人数的减少也是必然的。

才木校长的领导力使如梦的愿景得以实现,其中学校的师生们的努力功不可没。学生在课堂中协助教师推进"学习共同体",在小组协同学习中真诚地提出疑问,协力、协同创造着"冲刺与挑战的学习"。两年后,所有的课堂,不仅限于观摩的课堂,没有一名学生趴桌子或者说闲话,同伴之间协同、真挚地学习。这种成长让人震惊不已。

可以这样说,在所有的学校中,相对于教师,"学习共同体"的学校改革更受学生的欢迎,他们会比教师更快地接受其中的意义和方法。安西高中也是如此。

受到学生令人瞩目的变化与成长的触动,教师进行教学改革的意愿也在提升。才木校长采用各种方式支持教师改变讲座式的课堂教学形式。比如,将我的著作和论文中"学习共同体"的哲学与方略作为出发点,课桌椅按照"コ"字形排列,男女四人混合小组协同学习,以学年为单位,持续进行教学的公开与研究。

才木校长的"学习共同体"的教学改革不仅是"一种媒介",最为重要的是,每位教师都通过教学改革,形成了自己的教育风格。

学校对教师的支援也很到位。为了让全体教师理解学校的改革愿景与教学改革的方向,才木校长甚至取消了第五节以后的所有的课,使学校全体教师都能参加"学习共同体"先进

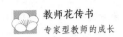

校——市立祇园东中学的公开研究会。才木校长还积极派遣教师到同样进行"学习共同体"改革的富士市立岳阳中学、东京大学教育学部附属中学、佐久市望月高中去学习。因此,教师对改革愿景的认同与联合使改革的推进力进一步提高。

才木校长通过一年多的改革翻开了安西高中的历史新篇章,这无疑仰赖于才木校长旗帜鲜明的领导力和强有力的执行力。

从课堂事件中看到的

一、教学的顿悟

写《教师花传书》的想法可以追溯到 28 年前,有一件事情令我开始关注教师的专业性和卓越性。当时我在三重大学教育学部任教,一边从事教师教育的工作,一边开始访问近畿地区的学校,观摩课堂,并与教师进行协同的教学研究。一次,我与三重县四日市市的小学教师石井顺治老师一同访问滋贺县某所学校,观摩了高年级的文学课并参加了教学研究会。当时,一般情况下,执教教师都会用录音机记录上课的过程,并将录音记录整理成文字,作为研究会的资料。

那所学校也是如此,上午全体教师观摩教学,中午休息时教师会将教学的录音带做成会议资料。但是意外的事情发生了,执教教师忘了按下录音机的开始键。于是同行的石井老师放下手中的午饭,说"那就交给我做吧",很快就完成了教师与学生的发言记录,共计 132 句。我在一旁看着,怀疑他是否能够完全重现课堂记录。

但是后来,其他学校的参观教师把自己的录音带拿出来,说:"请用我的吧。"于是石井老师一边听录音带,一边查看自己的录音记录。令人惊叹的是,石井老师重现的 132 句发言几乎一字一句分毫不差。石井老师并没有进行特别详细的记录,而

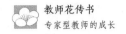

是一般性地观摩教学,但他却几乎一字不差地再现了课堂对话,这在我看来犹如"神技"。

自此以后,我深感要更加具体而深入地向教师学习。与石井老师的相遇是我在三重大学任教第二年的事情,而这件事情则是在次年即1982年发生的。

虽然我已经观摩了1 000多节课,积累了大量的观察经验,但我深感自己的课堂观察方式与石井老师还存在着巨大的差距。

这件事还迫使我做出了一个重要的决定。自我任教三重大学以后,毕业生们每月都会召开教学研究会。我解散了这个研究会,让这些青年教师一起参加石井老师每月召开的研究会。我知道,能够指导教师的只有教师。我作为研究者为青年教师提供建议和援助是极为不合适的。作为研究者的我,应该成为教师与教师的纽带,全力支持教师们的研究,这才是作为研究者应有的立场。

另外,这件事更加坚定了我的信念:我有必要认识教学世界的真实情况。从教学的外围观察的世界与教师自身从内部观察的世界完全是两码事。石井老师之所以能够如此细致地再现教学过程,是因为他不是仅仅从外围进行观察,而是能够站在教师的立场上,从内部来进行观察。我注意到这一点后,每次到学校观摩,都会像实习生一样进行试讲,这个习惯一直持续了下来。

这三点,即1.向教师深入学习;2.支持教师的研究,促进教师与教师之间的联系,而不是去指导教师;3.坚持从外围观察教学与从内部观察教学相结合,成为我之后进行教学研究的根本原理和教育研究的方法论。

二、生活在课堂中

两年后,我也获得了如石井老师般的"神技"。习得了这种"神技"后,我才能够解释,为什么石井老师能将观察到的教学一字不差地细致地重现。根据我的理解,有以下三个要点:

第一,课堂上所发生的一切,都是偶然中的必然。课堂事件,即课堂中有意义的事实,是在教师的活动、儿童的活动及其之间形成的复杂关系网中产生的,因此,要在这些复杂的关系网中去认识这些事实。

通常,在解释"为什么会发生某件事情"的时候,往往都是采用"因为什么,所以什么"这样的因果性解释加以说明。但是比因果性的认识更为重要的是在关系中去认识,即"这一事实是在怎样的关系中产生的",而且必须在教师与儿童之间、儿童与儿童之间、教师与教材之间、儿童与教材之间等复合性的复杂关系网络中去认识。对这种关系的认识不是"因果性的认识",而应该是"因缘性的认识"。

第二,教学观察实践中最为重要的是要虚怀若谷地去倾听。听到学生的发言,就要想到这一发言是由教材中的哪些语言引发的,或者是其他学生的哪些发言引发的,抑或是这位学生自身之前的哪些发言引起的。有必要从这三种关系中去倾听学生的发言或自言自语。

要学会这种倾听方式,并通过这种倾听来反思三种关系,至少要有1 000多次的课例研究、教学研究的经验,最低五年以上的修炼。如果缺少这样的钻研和研究,就无法在复杂的关系网络中去认识课堂事件,无法作为执教者去组织生动的教学和学习的设计。

第三,对课堂观察来说,更为重要的是与课堂上的教师和学生们全心全意地共同生活,也就是生活在课堂的内部。观察者从外围对教学进行观察时,对生动的课堂事件以及事实之间的复杂关系视而不见。教学是一名教师与30余名学生之间的交流,各种复杂的气氛和思考交织在一起。在这一场域中,观察者有必要成为与教师、学生同呼吸共命运的一员。

而且,课堂中所发生的事情,无论对教师而言,还是对每位学生而言,都包含着不同的意义,是不同的体验。为了深入而准确地认识这些课堂事件,有必要认同这个内部世界,并最大限度地以多样的立场来看待事实,理解其意义。

石井老师之所以具有令人惊叹的"神技",是因为他在无意识地进行着以上三种思考。当然,即便是询问石井老师"神技"的秘密,由于这三种因素是无意识的,所以石井老师怕是也无法回答吧。

正如询问会骑自行车的人"为什么会骑车",骑车人无法回答;或者外国人询问日本的小朋友"为什么对日语的文法如此精通",日本的小朋友也无言以对。与此同理,教师的实践是"看不见的实践"(invisible practice),教师的卓越能力是"看不见的专业能力"(invisible professional competence)。

三、在课堂中养成

那么,教师们要形成如石井老师那样卓越的、对教学专家般的见解,到底要怎样做呢? 或者教师要成长为卓越的教学者,要经历怎样的道路? 下一篇,我们会对石井老师所走过的历程进行考察,并对此进行详细的阐释。

在这里,再介绍一则故事,与石井老师展示的"神技"类似,以此作为对课堂事件反思的前提。那是六年前的事了,当时我在神奈川县茅崎市滨之乡小学观摩西冈正树老师的课"车的颜色是天空的颜色"①(四年级文学)。课堂上学生的发言非常精彩,于是在午休的时候我询问了几名学生:"之前的那节课上,某某学生发言之后是谁发言,说了些什么?"让我吃惊的是,每位学生都能一字一句地正确地再现。当问到"在这之前某某学生为什么发言? 之后又是谁发言? 说了些什么?"时,学生们仍能够正确地重现两小时之前的课堂上的发言。这令我对西冈老师班上的学生们不可思议的协同学习状态有了新的认识。

———————————

① 《车的颜色是天空的颜色》是日本作家阿万纪美子写的一部科幻类儿童文学作品。故事的主人公是个出租汽车司机,每天都会遇上各种各样的乘客,他们竟然会变成各种各样的动物。尽管每天遇上各种奇怪的事情,他仍是抱着非常善良的心对待那些稀奇古怪的乘客,并因此经历了一个个诡异而又美丽的故事。此书深受少儿读者欢迎,曾荣获日本第三十一届赤鸟文学奖特别奖。

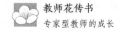

　　这些事实对课堂观察来说具有重要的启示作用。西冈老师班上的学生们所发挥的"神技",是对课堂上的每一个瞬间、每一句话语都全心全意地、新鲜地接受和学习。这一点可以用"未知之地的旅行"来加以比拟。

　　我们到未知之地去旅行,发现新鲜事物,旅行归来后仍然可以详细地回忆起当时的风景。如同这种新鲜的相遇之旅,西岗老师班上的学生们认真倾听每个人的发言,进行协同的学习。

　　教师对日常的教学进行观察,像这些学生一样,对课堂中的每一件小事都感到惊奇,倾听每一句话语,发现每一个课堂事件,如同在经历新奇之"旅"。

　　要看到课堂事件,其前提是在课堂中执教的教师以及作为观察者的教师与研究者,必须要经历和教学新奇的相遇与发现之"旅"。

与伙伴共同成长

一、教学研究的顿悟

30 年间，我从教师那里学到了很多。特别是前一篇中叙述的三重县的教师石井顺治老师。石井老师的历程也是教师修养的典范。石井老师在最初任教的小学中结识了一位实践"生活作文"的年长女教师，深感于其用心对待每一位学生的教育实践，叹服于她博览群书的专业视野。当石井还是新教师的时候，他在朋友的邀请下参加了斋藤喜博主持的研究会，从此开始进行教学研究。自此，石井老师开始接触旨在拓展儿童可能性的、基于课堂事件的教学研究。

尾鹫市位于三重县的南部。石井老师每周六下班后，就会带着教学记录，花上单程三个小时的时间去参加神户市冰上正先生主持的教学研究会。从那时到现在的 40 年间，石井老师一直坚持与同伴共同学习与进步。教师靠个人的力量是无法成长的，只有与同伴教师一起，通过协同研究才能积累作为专家的修养。

石井老师参加的研究会的主持人冰上先生是神户市御影小学的原校长。御影小学从战前开始就作为"第二附属小学"进行活跃的教学研究。冰上校长在任期间是战后御影小学教学研究的鼎盛时期。冰上校长还聘请斋藤喜博召开研究会，使得这所

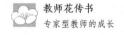
学校成为关西地区教学研究的中心。

冰上校长时代,御影小学培养了大批的优秀教师:受教于斋藤喜博的田村省三,曾经获得"安井会太郎奖"的画家、美术教师堀江优,开拓诗歌的教学实践的秋本正保,其后开拓了"一年一组的老师们……"这一独特教学实践的鹿儿和夫等。这些教师在冰上校长的培养下迅速成长起来。

这里简单谈谈冰上校长。我到三重大学任教后,开始认真地访问学校、观摩教学,当时正是二三十岁年纪的我从冰上校长那里受益良多。冰上校长作为各地学校的研修讲师经常出差,便常叫上我一起去。我就跟着冰上校长,开始对教师的教学进行观察,倾听教学研究会的研讨。冰上校长虽然年长但思维灵活,而且充满着自由主义的精神与修养,社会民主党原党魁土井多贺子在小学时代就曾经受教于他。

冰上校长的教学讲评不仅限定于文学的教学,更以从儿童的视角来分析教材为中心展开。令人印象深刻的是冰上校长的讲评从来都不是"那里应该这样教"这种对执教教师的指导,他的讲评总是充满着幽默感,并给予教师们温暖的鼓励。

而且,令人感慨的是,虽然冰上校长的讲评以教材语言的解释为主,但讲评中却能够明确执教者的不足之处,以课堂事实为中心,让执教教师对未来的可能性产生意象。我一边旁听,一边感叹。不仅感叹于冰上校长的建议中包含着的指导技术的自由度,也赞同他提出的"从教材的语言唤起儿童阅读的具体形象"的说法。冰上校长对待教师们宽容而幽默,而且能够给予具体的、确切的建议,这些都令我受益匪浅。

石井老师坚持数十年如一日,每周都带着自己的教学记录去拜访冰上校长,接受冰上校长的建议,不断改进教学。冰上校长还让教师们用录音带记录课堂,通过记录来反思,形成"实践笔记"。

冰上校长自己也记录了大量的"教学观察笔记"。石井老师模仿这一方法,记录了大量的教学笔记,反思课堂事件,形成"实践笔记"。近年来录像记录的方法得到普及,教师为完成教学实践的反思而制作"实践笔记"的情况不太多了。但这种对自己的教学实践进行重新反思、记录内省的语言的活动,对于提升教师的修养来说意义重大。所以特向读者朋友推荐这种方法。

二、迎来转机

稻垣忠彦教授是我研究生时期的导师,在恩师的介绍下,我认识了石井老师。稻垣教授当时没有参加斋藤喜博所主持的教学研究会,而是参与了冰上校长、田村老师和石井老师主持的"国语教育学习会"的教学研究。我与冰上校长的相识也是在此研究会上。

正当此时,石井先生迎来了转机。教师主导的教学开始向"走近每一位儿童的教学"转型,这种转型的促进者就是儿童本身。石井老师当时执教的四日市市立泊山小学中有很多学生都来自母子寮①,这些孩子的社会文化背景非常复杂。正是这些

---

① 母子寮是日本的一种社会福利设施,用以安顿缺少父亲的家庭,为母子提供基本的生活保障。

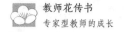

儿童让石井老师的教学被迫转型。

幸运的是,我与处于转型期的石井老师相遇,与他共同探索转型的方法。支持石井老师尝试教学转型的因素是多样的。首先是稻垣教授和我的协同研究,特别是采用了录像记录的教学研究方法。与"发言记录"和"实践笔记"相比,录像能够捕捉到的东西更加丰富、生动,这进一步拓展了教学研讨的可能性。当然,给予石井老师教学转型以最强有力的支持的当属他在四日市市每月召开的教学研究会——"东海国语教育学习会"上的同伴们。

当时这个研讨会上的同伴很多,其中,爱知县的中村敬三老师是很重要的一位。他曾经开拓了基于"一人学习"的文学的个性化阅读实践。而且,参加这个研究会的多数是青年教师,这些青年教师与石井老师协同作战,全力支持石井老师的教学转型。

这种转型是一种根本性的转变,而不仅仅是从教师主导的教学向"走近每一位儿童的教学"的转型。此前,石井老师受到斋藤喜博的影响,一直在追求提升儿童可能性的高水平的教学技术。这种对卓越性的追求是一种"向上、再向上"的垂直方向的卓越性的追求。与此相对,在"走近每一位儿童的教学"转型的过程中,石井老师对卓越性的追求是"向下挖掘根本"的卓越性的追求,是开发多样性、"拓宽"水平方向的多样性的追求。

石井老师的课堂变成了柔和而自然的协同学习的场所。石井老师的研修风格也发生了变化。之前他一直被"精彩的教学"所吸引,从"优秀的教师"身上去学习,而此时石井老师的研修风格已经开始转变为"与同伴教师共同学习"、"向青年教师学习"了。

三、协同学习的网络

随着向青年教师学习的研修风格的转换,石井老师受到了更多教师的羡慕与信赖。一言以蔽之,"向青年教师学习比向成熟型教师学习更加困难"。对青年教师的教学挑挑毛病是容易的,但是这种挑刺是否能够支持青年教师的成长呢? 对于青年教师教学实践中的课堂事件,应该从何处着眼,要指出什么,这都是与青年教师的成长相关联的。

对于这个难题,我与石井老师利用周末的休息日,观察了无数的教学记录,不断地讨论着。这种经验对我的成长来说也是大有裨益的。在与石井老师共同观察、讨论数百节课堂录像的过程中,我学到了石井老师所积累的大量的实践智慧。于是,石井老师主持的研究会更加魅力无穷,青年教师们聚集一堂,共同认真观察、仔细研究课堂事件与儿童的学习过程。

六年里,我一直坚持参加石井老师主持的四日市市的研究会,自从转到东京大学以后,每年只能参与一次左右。自我进入东京大学以来,研究会更加发扬光大,变成了每月例会和每年的大会,并发展成从事课堂教学的教师们共同学习的最高质量的研究会。

从中得到滋养的不只有我,我在东京大学的同事秋田喜代美教授在立教大学工作期间,每月都会从东京赶到四日市市去参加研究会。如同石井老师年轻时代从尾鹫市驱车三小时参加

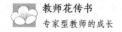

冰上校长主持的研究会，与参与的同伴共同学习一样，秋田教授从东京出发驱车三小时到石井老师主持的研究会去学习。

从石井老师作为教师的研修历程中，我们可以学到以下几点：其一是对教学可能性的"憧憬"。石井老师的教学研究的根源与活力是对每位儿童可能性的信赖，以及对拓展这种可能性的教学"憧憬"。其二是对教学实践的内省。"实践笔记"是内省的有效方法。当然最为重要的是，作为教育专家与同伴的共同学习与成长。当这三点同时具备之时，就是教师的研修结出硕果之日。

校长的领导力

一、作为校长的要件

校长的领导力到底是什么？可能很多人认为是能言善辩以及强大的统率力。而让我受教良多的校长却往往是少言寡语，安静细致而知性的人。

我心中理想校长形象的原型是 20 多年前纽约东哈莱姆区中学的黛博拉·梅耶尔（Deborah Meyer）女士。黛博拉·梅耶尔实现了美国最困难地区的学校改革的"奇迹"，这所学校现在已成为全美最有影响力的学校之一。

之后，黛博拉·梅耶尔还担任过波士顿民主学校领航学校的校长，现在则是纽约大学的教授。在多年的校长生涯中，黛博拉每天早上上班时都对自己说是"去他们的学校，而不是去我的学校"。如其所言，我曾经多次到其学校访问，她总是认真倾听每一位儿童的声音，认真倾听每一位教师的声音，认真倾听每一位家长的声音。她每天的工作就是让所有这些人的意愿得到实现。

我从她身上不仅学到了作为校长的行事方式，我所推进的"学习共同体"的愿景与方略也是师从于她。儿童、教师、父母都是学校的主人公（protagonist）的愿景，把学校内部分割成"迷你学校"并建设共同体的方略，课程组织和学校组织中的"三原

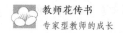

则",即"少即是多"(less is more)、"组织与构造越简单越好"(simple is better)以及"事情越小越精细"(small is sensible),所有这些都是从黛博拉·梅耶尔那里学到的。

2007年春天,在芝加哥召开的教育学会年会上,我有幸受邀发表主题演讲"'学习共同体'的学校改革"。在那次演讲中,黛博拉·梅耶尔担任了演讲的指定讨论者。她知性的学习能力令人惊讶。

她认为我的公共哲学与杜威的民主主义哲学具有连续性。她曾经在20世纪70年代推进"开放学校"(open school)运动,她反思后认为当时的"开放学校"并没有发展成为"公共学校"。她的思考总是那样新鲜而富有启发性。

二、接受

世界各国的优秀校长具有很多共通之处。无论我访问哪所学校,首先都是由校长带领着参观学校,在此过程中,没有任何一位校长埋怨"教师令人烦恼"。对所有的教师都心怀敬意、充满信赖的校长毫无疑问都是优秀的校长。

再进一步说,任何一位校长在观摩课堂的过程中都应该可以描述每位学生的学习状态。否则,校长或许能够对学校的运营和建筑负责,却不能对每位儿童或教师的成长负责。

校长的领导力首先表现为"接受"(负起责任)。但是,很多校长连这最基本的要件都难以满足。校长不能对每一个课堂负起责任的话,教师当然也不会对每一位学生负起责任。例如,黛博拉·梅耶尔几乎从不在校长室内停留,她总是到教室的一角去守护着教师和学生们。

我从新潟县的平泽实一校长那里学到了要基于对每个人的尊重来推进学校的建设,从黛博拉·梅耶尔那里学到了学校愿景,这些在平泽校长任职的小千谷小学和长冈南中学中得到了实现。平泽校长和我在小千谷小学进行了多人协同学习的名为"学习交响圈"的学校改革。

小千谷小学是由明治时代的慈善商人捐资建设的,用以照看、教育戊辰战争的孤儿,是日本最早的公立学校之一。在学校成立130周年之际,我有幸在作曲家三善晃的协作下,创作了合唱剧目,在当地"学习共同体"的庆祝活动上演出。家长参与教学的实践也是从小千谷小学开始的。创建"学习共同体"的学校是我与平泽校长共同在小千谷小学发起的。

平泽校长因"接受"而闻名,平泽校长从做教师开始,其所执教的中学无论多么混乱都会好转,因此被称为"神之手"教师。担任校长以后他又被称为"让女教师为之振奋的校长",其原因之一就是对于"倾听"的专注。平泽校长一到休息时间,就穿上运动鞋到走廊里去走动,倾听每一位学生的声音,倾听每一位教师的声音。这一行动构建了他与师生之间的信赖关系。

介绍一则平泽校长与学生关系的轶事。在他刚刚就任长冈南中学校长的时候,这所学校是当时市内有名的混乱学校。有一回,该校的一名学生被警察抓走了。在和学生的父亲一起到警察局去接学生的路上,平泽校长对学生的父亲说的话打破了车内苦闷和沉默的气氛。他说:"你儿子很不错,面对警察的询

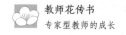
问没有丝毫隐瞒,让我很感动。"学生的父亲双手紧握方向盘,嚎啕大哭起来。平泽校长的话语从无虚言,总是真实而诚恳。

三、愿景与哲学

然而,优秀的教育者是优秀校长的必要条件,但不是充分条件。校长要对学校的未来持有确切的愿景与哲学,要能够以宁静而强韧的意志力来推进学校改革。

平泽校长就任长冈南中学校长之时,通过在小千谷小学三年的实践,他在学校改革的愿景方面与我达成了共识。但是当时长冈南中学问题行为频发、混乱之极,不上学的学生很多、学力水平低下,在当地名声很坏。而平泽校长离退休还有两年时间,但改革要取得成绩却需数年之功。

平泽校长与我将"学习共同体"的学校改革愿景和方略告知教师,但是所有人都对此愿景和方略不以为然。毕竟在此之前,教师们能够做的都已经尝试过了,他们尽了最大的努力,在这种精疲力竭的情况下,不相信我们的提议也无可厚非。

平泽校长和我提议:"无论怎样先尝试半年的时间。"首先认真倾听学生的声音,在课堂上构建协同学习的关系,导入小组协同学习,开放所有的教室,每一位教师每年最少上一次公开研究课,每学年都进行持续的课例研究,邀请学生家长参与课堂学习。

平泽校长在全校集会上也不做校长讲话,而是让学生走上讲台,倾听学生的声音。但是半年过去了,只有一部分教师基本形成了协同学习的氛围,多数的课堂改革滞后,难以推进。教师们还是疲于应对学生的问题行为和逃学、辍学的状况。

半年后，平泽校长打电话给我说："非常遗憾，半年过去了，学校变化不大，因此只能放弃'学习共同体'的愿景，重新来过。如果勉强继续推进，教师们与我的关系会崩溃，这会成为学校发展的障碍。今年一年时间准备，来年尽最大的努力去做，然后就只能委托给下一任校长了。"这是我第一次也是最后一次听到平泽校长服软。得知此消息的几天后，我拜访了该校。

一到学校，我便大吃一惊。学校的教师会议决定暂时中止"学习共同体"的学校改革之后，学生会却召开会议，表决支持推进"学习共同体"的创建。这一决议鼓励了教师们，于是全校再次推进"学习共同体"的改革。我的到访恰好在那之后。

平泽校长的愿景与哲学首先得到了学生们的认同，然后才得到教师和家长的认同，这堪称改革的奇迹。

改革开始一年后，学生的问题行为与逃学、辍学的现象锐减，每一位学生都参与到协同学习中来，学力水平也得到了飞跃性的提升，学生们的毕业出路更好，学校在区域内的声望也逐渐好转。作为变化的标志之一，该校学生的作文获得了文部科学省大臣奖，其作文还被拍成了电影。这些都是对愿景、哲学与意志力的回馈。

大濑敏昭校长在考察过小千谷小学之后，学习平泽校长的经验，开创了神奈川县茅崎市滨之乡小学的改革。佐藤雅彰校长也受此影响，在静冈县富士市立岳阳中学开展了奇迹般的学校改革。这两位校长的丰功伟绩将在下一篇中进行阐释。

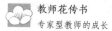
屹立学校改革潮头的校长：
"学习共同体"的构建

一、最最开始

1998 年 4 月 1 日建校的神奈川县茅崎市滨之乡小学，作为
"学习共同体"的领航学校，成为全国范围的学校改革的起点。
这所学校的创始人、第一代校长是大濑敏昭（已过世）。如果没
有大濑校长与我的相遇，日本的学校改革可能也不会像如今一
样顺利展开。大濑敏昭作为茅崎市教育委员会的指导课长全盘
接受我所提倡的学校改革的愿景与哲学，制定了"茅崎市教育计
划——茅的交响教育"方案，并推进开办领航学校——滨之乡
小学。

大濑敏昭最初与我相识是在此一年之前。他来我在东京大
学的研究室访问，本来约好一个小时的会面，因为召开紧急会
议，只持续了十分钟。但是，这十分钟的时间里却诞生了一个重
大的决定。大濑先生一手拿着我的专著，上面插满了书签，一边
单刀直入地说："我们想在茅崎市实现阁下的教育愿景与哲学，
希望得到您的全力支持。"由于我深感以市町村（日本基层行政
单位）教育委员会为单位的学校改革的重要性，认为这是千载难
逢的机会，于是当即答应"乐意效劳"。

这段简短的对话之后，我们走在教育学部的走廊里，大濑先

生说："遥想 30 年前，当时我还是东京学艺大学的学生，曾经多少次来到这里学习啊。"大濑先生与我拥有共同的青春时代。

滨之乡小学成立之初的准备期间，我并没有向大濑敏昭校长进言。他认同我所提倡的学校改革的愿景，确信滨之乡小学的挑战会掀起学校改革的巨浪。而且大濑校长还访问了新潟县小千谷小学和长冈市立长冈南中学，了解了平泽实一校长的先行之举。

大濑校长是我所遇到的众多校长中极为优秀的一位。他有过市教育委员会与县教育委员会的工作经验，视野广阔且了解学校的实情，充分知晓教师的弱点与优势，而且从青年时期就开始进行社会科教学研究，经验丰富。

在教育行政、教师文化和教学研究三个领域都具有如此丰富的经验和见识的校长，并不多见。而且大濑校长兼备了清晰的思考力、温和的心性以及对教育的赤诚，从茅崎市的教育长到教育委员会的工作人员再到教师们，无不对其寄予厚望。第二次见面之时，我就确认了他会是我"一生的知己"。

创立滨之乡小学的实践在大濑敏昭、佐藤学编的《创办学校》(小学馆，2000)以及《学校改革》(小学馆，2003)中进行了详细的介绍。在学校建设方面，大濑校长提出了"一役一人制"(一人负责一项事务)等我从未有过的新想法，实现了以教学研究来构筑"同僚性"的学校经营方式，开创了被称为"滨之乡模式"的学校经营方案。

另外，大濑校长在滨之乡小学创立之初，对那些心存烦恼、

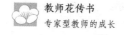
提出辞呈的老师们提出倡议,希望他们能够在本校"再出发",把握好每一位具有文化、心理和社会性苦恼的学生的实际状况,建设所有教师协同学习、所有儿童协同学习的新型学校。

在推进学校建设的过程中,大濑校长的话语总是能够抓住事物的本质。"学校中学习能力最差,但却最需要学习的人是教师","教师和小偷都不愿意让人看见手里的东西","教师容易成群,但因为成群却难以成为专家","是否擅长教学常常是天生的,对于教师的成长来说没什么大不了的"。这些都是大濑校长一直挂在嘴边的话语。

大濑校长是"有梦"之人,也是确信能够实现"梦想"之人。在滨之乡小学建校的 20 年之前,大濑校长曾与当时教育委员会的同事角田明一边喝酒一边说道:"有朝一日,一定要建一所实现茅崎市教育改革的学校,在这所学校中所有教师具有共同的教育追求。"大濑校长与角田先生在 20 年的时间里让这一梦想变成了现实。(在滨之乡小学创立之时,角田先生作为茅崎市教育委员会的参事,为大濑校长的挑战提供了行政层面的支持。)

滨之乡小学开办三年后,大濑校长被查出患有肝癌。当时是 2001 年,滨之乡小学的挑战正逐渐被全国教师所广泛知晓。

从那以后的两年间,大濑校长一边与死亡和病魔进行着斗争,一边承担学校校长的责任。大濑校长在推行"学习共同体"的同时,直面死亡的恐怖,持续实践着"生命教育"。"生命教育"的实践被电视和报纸广泛报道,让世人了解培育生命是教育的尊严所在。① 2004 年 4 月 1 日，大濑敏昭校长停止了呼吸。角田老师和我放声痛哭。大濑敏昭校长开辟了广阔的道路，他的故去，对我们来说是巨大的损失。

二、改革的继承

大濑校长去世四年半了，现在采用"滨之乡模式"创建"学习共同体"的小学已经达到 2 000 所（约占公立小学的一成）。滨之乡小学的挑战在国外也广为人知，被称为世界上最为成功的学校改革案例之一，以大濑校长和我都未曾预料的速度迅速普及。

大濑敏昭校长的后继者谷井校长（现任）、毛利校长以及加藤校长持续着滨之乡小学的改革。滨之乡小学在创立之初，大濑敏昭校长和我曾经多次被问及同一个问题："十年后的滨之乡小学将变成怎样的学校？"大濑敏昭校长和我的回答是相同的："十年后的事情还没有考虑过，十年后的学校需要由十年后的校长、教师们、学生们以及家长们去决定。如果可能的话，希望十年后仍然继续同样的挑战，除此之外没有任何期望。"我将这次改革的构想命名为"业已启动的永远的革命"。

今年（2008 年）滨之乡小学迎来了第 11 个年头，"业已启动的永远的革命"还在持续。从建校之初就任教于此的教师只剩下两人，这两位在明年也将转到其他学校去。

---

① 大濑敏昭. 壮哉! 生命教育[M]. 东京:小学馆,2004.

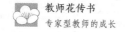
最为重大的变化是教师的年轻化。滨之乡小学约有 30 名教师，平均年龄 31 岁。除去校长、教导主任、教务主任，教师几乎都是 20 多岁的年纪。班主任老师半数以上都只有不到 4 年的教龄。现在滨之乡小学是全国教师最为年轻化的学校之一。

我把这种状态称之为"蹒跚学步的滨之乡"、"低空飞行的滨之乡"，这样的称呼绝无揶揄之意，而是一种夸赞。

大濑敏昭校长与我所构想的"学习共同体"，如今在这些青年教师的手中，在青年教师与协同学习的学生以及家长的努力下，持续地进行着。因为缺乏经验而在教学水平上"低空飞行"，学校经营"蹒跚学步"也是必然的。但正是这种"低空飞行"和"蹒跚学步"，让我体会到了大濑敏昭校长改革的不同凡响。

三、持续改革的准备

大濑敏昭校长改革的不凡之处最明显地表现在学校的教学研究会上。教师们仔细地讨论着每一位学生的学习过程。如果看一看发言记录，谁也不会想到这是平均年龄 20 多岁的教师们所召开的研究会。每位教师对儿童学习的观察都如此纤细而确切。

另外，极为重要的是，这些发言中所包含的教师对同事的严格与宽容也是绝无仅有的。

大濑敏昭校长等教师在建校之初所开创的、十年间一直持续的教学研究的积淀，教师们对学习的观察与反思的确切的语言，与基于教师们的相互信赖而得以丰富的同僚性的"话语共同体"（discourse community）已经形成。青年教师们在知识与经验上的不足不能成为否定他们的理由，相反，这种不成熟甚至可以说是未来的希望。

大濑敏昭校长如果看到今天的滨之乡小学，他会说什么呢？如果看到"学习共同体"的学校改革在全国范围内普及开来，他又会作何感想？我与大濑敏昭校长沉默的对话，会一直持续下去吧。那些曾经在滨之乡小学执教的教师，以及那些曾经访问过这所学校的教师们，与大濑敏昭校长的对话也不会停止吧。

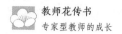
令初中焕然一新的校长

一、改革的始动

静冈县富士市立岳阳中学的原校长佐藤雅彰先生是一位令初中的风景焕然一新的校长。佐藤校长从 2001 年到 2003 年期间所完成的学校改革意义重大,堪称革命。

日本教育的荒废由来已久。校园暴力、逃学、行为不端、欺凌、学纪崩坏、逃避学习等等现象八成发生在初中。多愁善感、青春萌动的学生们,情绪躁动、全力维持学校秩序的教师们,他们既是初中教育荒废的受害者,也是加害者。佐藤校长所推动的岳阳中学的学校改革,令学校情形大改,实现了建立每一位学生都真诚地参与学习的"学习共同体"这一学校愿景。

在佐藤校长的协助下,我作为改革的提倡者,着手参与改革是在一年之后(2002 年 6 月)。在参观岳阳中学的课堂时,我的内心充满着感动。巨大的变化冲击着我,令我手脚震颤。进入所有的课堂,学生们都专心致志地学习,教师与学生同呼吸,共同推进教学的进程,每个学生都与伙伴联系,协同学习。如此真挚地协同学习的初中生我还是头一次见到。

将所有的课堂观察了一遍,我不禁喃喃"竟然实现了",全身震动,一日不绝。

无论在理论上、经验上如何确信"一定会变成这样",一旦实现了还是会陷入震撼之中。此后数年内日本初中学校的风景必定会焕然一新的预测，让我自己甚至陷入了"接下来怎么办"的恐慌之中。我的预测是正确的。

全国近万名教师来岳阳中学参观，现在（2008 年）以"岳阳模式"为模板挑战"学校共同体"的学校已超过 1 000 所（占公立学校的近一成）。所有学生协同学习的课堂在全国各处的初中都能够看到。实现这项改革的人正是佐藤雅彰校长。

二、奇迹的出现

我与佐藤雅彰校长的相遇是在 1998 年，那是岳阳中学改革开始的三年前。那一年，佐藤校长从岳阳中学的首席教师转任同一学区的广见小学的校长。在做广见小学校长期间，他曾经到我进行"学习共同体"学校改革的新潟县的小千谷小学（时任校长平泽实一）参观，并希望这种改革可以在广见小学得以实现。

广见小学的学校改革与神奈川县茅崎市滨之乡小学的"学习共同体"学校改革是同时开始的。虽然这次改革没有滨之乡小学的改革那样有名，但是其改革的实践与成果却达到了与滨之乡小学同样的水准。改革成果达成的基础是佐藤校长长期的教学研究。佐藤校长曾经是初中的数学教师，虽然广见小学是他第一次任教小学，但他丰富的教学研究经验，支持着"学习共同体"的改革。[1]

完成了广见小学三年的改革，佐藤雅彰校长再次回到岳阳

---

[1] 佐藤雅彰.创造教学——富士市立广见小学的实践[M].佐藤学,校.东京:行政出版社,2001.

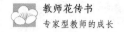

中学,成为校长。这是建设初中"学习共同体"领航学校最好的时机。此时,小学阶段已经有滨之乡小学、广见小学以及东京都练马区的丰玉南小学等领航学校,它们的影响逐渐扩大到全国,形成了声势浩大的改革浪潮。

但是,中学阶段,除了新潟县长冈市立长冈南中学以外,尽管好几所学校都在进行改革,但是还没有学校能够稳定地成为全国的领航学校。多数的中学教师还是在执行以"生活指导"、"俱乐部活动指导"以及"毕业指导"等"三指导"为中心的中学教育,虽然能够认识到以"学习"与"教学"为中心是学校本来的职责,应该予以恢复,但是却不知如何去实现。所有人都渴求改革的愿景与方略,渴望领航学校的出现,将改革的愿景变成现实。

但是,中学的改革与小学改革的困难之处有所不同。中学是以学科为中心的,如果不是全体教师推进改革,如果教师不是以学科为单位,而是以学年为单位共同努力来推进教学改革的话,就难以取得成功。中学长期处于危机之中,以"生活指导"、"俱乐部活动"以及"毕业指导"等"三指导"为中心进行运营,无论对于学生来说,还是对于教师和家长来说,"教学"与"学习"已经由中心变得边缘化了。

而且,在这种体制下,教师之间、教师与学生之间、学生之间、教师与家长之间、家长之间,在无意识之中被互相不信任的系统所支配,都认为所有学生协同学习的学校、每个人都得到尊重的民主主义的学校不过是个"美梦"而已。因此就需要学校的一切都发生根本性的变革,而岳阳中学是一所学生数超过 800

114

人的大规模的中学,其变革将更为困难。

当然改革也存在有利条件,岳阳中学的新生半数是广见小学的毕业生。他们都经历过协同学习,也亲身体验过"学习共同体"的学校。他们的家长对佐藤校长抱有极大的信赖感。更为重要的是,佐藤雅彰校长自身在创建"学习共同体"学校的三年间,尝尽了改革的酸甜苦辣,充分了解改革的精彩与艰辛。

在岳阳中学担任校长的佐藤雅彰距离退休还有三年时间,幸运的是,在这期间能够得到藤田老师与稻叶老师两位优秀教导主任的扶持,他们认同与支持"学习共同体"的改革理念。

但是,困难依然是巨大的。岳阳中学长期以来一直是县里有名的困难学校。从违纪行径或问题行为的学生数量、逃学的学生比例、学力水准的低下等等方面的指标来看都是最差、最低的学校。并非是校长与教师的热情和努力不足,而是与多数的困难校一样,教师们已经拼尽全力、筋疲力尽了。佐藤雅彰调任校长之时,学校的教师认为"最多能坚持三年",进行教学改革的困难程度可想而知。

很多学生从课堂上溜出来在走廊里踱步,还有很多学生在教室中来回走动,趴桌子的、闲聊的学生也不在少数。在这样的情况下,教学与学习的达成无疑是困难的。其结果是教师们有劲使不上,有些学生只听他们所信任的男教师的话,对女教师的话置之不理。这样的困难一直持续着。

佐藤校长赴任后马上向全体教师提出了"学习共同体"的学校愿景、哲学与方略,学校开始了整体性的改革。

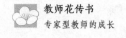
首先，以学年为单位，所有教师都要公开教学，每年组织 50 次左右的教学研究活动，所有的教学都以"动手操作"、"小组的协同"、"表达与共享"的活动形式来组织，进行"协同学习"的课堂教学改革。"教学"与"学习"成为学校生活的中心，"生活指导"、"俱乐部活动指导"和"毕业指导"成为辅助的配角，通过校内研修构建教师之间的同僚性成为学校经营的主轴。

半年之后，通过学生的变化、教学的变化、课堂的变化以及学校的变化，那些曾经将信将疑的教师们开始确信改革是有效的。一年后，众多违纪行径和问题行为都绝迹了。

更大的变化是课堂上教师与学生的变化。教师的音调下降的同时，课堂变成了安静而沉稳的空间。教师与学生、学生与学生之间互相倾听的关系成立，变成了协同学习的课堂。所有的学生都参与到教学之中，趴桌子的学生一个都见不到。这些成果都是小组学生通过协同学习和学生自身的努力达成的。

佐藤雅彰校长在第二年提出了让教师共同挑战"高质量的学习创造"——"冲刺与挑战的学习"。教师们教学实践的创造性和同僚性进一步提升，这是这所学校能够达成"奇迹般"的改革成果的支持条件。

岳阳中学的改革取得了"奇迹般"的成果。改革两年后，违纪行径和问题行为皆无，逃学的学生从 36 名减少到 4 名，达到本市的最低程度，而其学力水平却跃升至全市的前列。而最大的成果是，这所学校成了每一位学生都协同学习，每一位教师都向专家型教师发展的学校。

现在,全国引入"岳阳中学模式"的多数中学也达成了同样的成果,但是任何人都没有料想到 2002 年就会出现这样的中学。这样的"奇迹"在岳阳中学实现了。学校改革中最为重要的是事实的创造。一所学校的事迹改变了日本的教育。①

佐藤雅彰校长在《公立中学的挑战》一书的"后记"中以作曲家武满彻②去世前日记中的话结尾:"满怀着希望之时,自身就会永生。"佐藤雅彰校长现在访问了 150 多所中学,支援它们的学校改革。佐藤校长所推进的学校改革实践确实是充满着"希望"的。

▲ 图 7 岳阳中学的课堂景象

---

① 佐藤雅彰,佐藤学.公立中学的挑战——富士市立岳阳中学的实践 [M].东京:行政出版社,2003.

② 武满彻(1930—1996)是日本著名作曲家,1995 年罹患淋巴癌,在与癌症病魔抗争的过程中仍坚持创作。

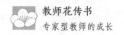
教师们的坚守

一、做教师

当今时代,教师所做的工作是极为重要的。在参访学校,与教师们见面的时候,这种想法愈加强烈。但这往往不会被报纸或出版媒体报道,与我的预想一样,报纸或出版媒体确实对教师的工作不甚理解。

但是,一直以来,日本的教育正是由无数可谓"无名"但优秀的教师们朴实的工作支撑起来的,现在仍然如此。实际上,无论访问哪所学校都能感受到,正是那些安安静静却充满智慧的教师,而不是那些声高的教师,守护着学校中那些最为重要的东西。我往往能够从这些教师的日常实践中获益。

兵库县教师小畑公四郎老师就是其中的一位。我与小畑老师的交往已经有近 30 年的时间了。最初遇到他是在神户市御影小学的前校长冰上正主持的研究会上。当时我已在三重大学教育学部执教数年。当时的小畑老师虽然只是 30 岁出头的年纪,却已经在文学教学实践方面有了自己的教育哲学,形成了自己的教学风格。

小畑老师给我带来了深刻的影响。表面看起来,小畑老师是极少开口、沉默寡言、走自己路的人,但如果让他在教学研究会上发言的话,他能够基于教材的语言的切入点进行解释,而且还会根据学生们小声的自言自语或表情变化进行敏锐而确切的评价。这个人才是真正的教师,总是引发我深刻的自我反省,我只不过是对教学一知半解的研究者而已。小畑老师却一有机会就邀请我到他所执教的学校的校内研究会上去做"讲师"。

小畑老师在兵库县山中的一所很小的小学执教,每次校内研究会邀请我时,总是会安排我到城中唯一的温泉旅馆去住一晚。当时我还未满 30 岁,受到"讲师"般的礼遇令我诚惶诚恐。在研究会的前一天,我常常一边泡温泉,一边与小畑老师谈话,总是很有启发。所以每次邀请我的时候,我都欣然前往。30 年过去了,当年一边泡温泉,一边对教学娓娓道来的小畑老师的话语,我现在仍然记忆犹新。如果没有遇到小畑老师的话,我对教师工作的看法必定会流于表面。小畑老师让我对教师有了更为全面的了解。

小畑老师的课堂上,学生们总是干干净净的,整个课堂都焕发光彩。小畑老师有着"从前学校中的正直的教师"的气质,他的身上有现在的老师所不具备的某些东西。

这种朴素的正直对学生们来说也是魅力无穷的吧。无论平时多么捣蛋的学生,到了小畑老师的课堂上,就如同换了个人一样充满着朝气。在当时年轻的我看来,小畑老师对学生的影响犹如魔法一样,他不可思议的教师魅力令人着迷。

二、创意与挑战

小畑老师作为教师的魅力之一是不追随任何人,总是一个人淡淡地精进着教学,在参加研究会的时候也是独自一人学习。

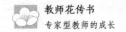
即便如此,他绝不是孤立的或孤独的。他珍视自己的所学,珍视
自己的哲学。像他这样淡淡地持续自己作为教师的学习,默默
地推进自己作为教师工作的人并不多吧。

　　介绍一个故事吧。这是 20 多年前的事情了。在一次研究
会上,当我看到小畑老师的教学录像的时候,我被深深震撼了。
当时他教五年级学生语文课,教室里的课桌椅都被撤走,铺着榻
榻米。长方形的炕桌摆成"コ"字形就这样上课,完全是近代"寺
子屋"①的景象。不仅教室的环境布置成"寺子屋"的样子,小畑
老师一句话也不说,学生也几乎不发一语,一手拿着字典,默默
地读着教科书中的文章,这样的教学和学习模式也与"寺子屋"
别无二致。

　　如果谁因为有不能独立解决的问题而自言自语,融洽的协
同学习关系就会产生。一旦问题解决了,学生们又各自进行自
己的学习。这样的光景是比任何教学都新鲜的、革命性的。根
据小畑老师的说法,这个班级学生比较乱,不能很好地专注于学
习,采用了这种方法以后,学生们能够安静下来,形成协同学习
的关系。

　　这种实践与解释我是能够理解的。当时的教学研究还仅仅

---

① 寺子屋发源于室町时代后期(15 世纪),是寺院开办的主要以庶民子
弟为对象的初等教育机构,提供类似现代小学的教育,学童年龄大
都在六至十多岁,以训练读、写及算盘为主。江户时代(1600—
1868)共有 2 万多所寺子屋。

停留在教材解释和提问上。能够这样做的小畑老师不仅仅是一位安静的教师，更是一位勇敢的教学改革者。

小畑老师是如何成为如此优秀的教师的呢？这还要追溯到他的大学时代。小畑老师是宫城教育大学的毕业生。当时，宫城教育大学从东北大学中分离出来，正在步入以小学教师的培养课程为中心进行教师教育改革的鼎盛时期。小畑老师在那里度过了自己的学生时代，他完全吸收了宫城教育大学教师教育改革的精髓。

同事中的青年教师们比任何人都了解小畑老师的真正价值。如此受到青年教师追捧的除了小畑老师别无他人。在他工作的学校中，总是有年轻人聚集在他身边，受到他的熏陶和感染。小畑老师会组织这些青年教师参加校内外小型的教学研究会，与其他年轻人们一道共同学习如何教学。我很幸运，在小畑老师周围的青年教师们的实践中也受益良多。

三、教师工作的持续

如此安静而认真的小畑老师，他所经历的困难比其他教师更多。十年前我曾收到过小畑老师的一封信，信中倾诉了他在学校中经历的苦难，令我不禁为之痛哭。当时他在一所学校做教导主任，他所在学校的校长与工会总是很抗拒他，这令他十分苦闷。任何学校都是这样的，那些尊重每位儿童的尊严，如同珍视自己的眼睛一样珍视课堂、珍视自己的教育哲学的教师们，往往都背负着受难者的宿命。无奈又悲哀，这就是教师人生的现实。

读了小畑老师的信后，虽然有机会去神户并与小畑老师直

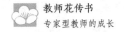
接交谈,但学校现实的严酷却让我说不出任何鼓励的话语。在教师所面对的困顿现实面前,我只不过是一个无力的友人罢了。

小畑老师做了校长之后,情况才有所好转。他马上就将教学作为学校经营的中心,专心于建设教师们共同成长的学校。

学校的改革,首先从校长室的改造开始。教师办公室和校长室之间的墙被拆除了,校长室走廊一侧的门开放了。小畑老师还将自己书架中的书拿来,将校长室变成了私人图书室。以书为中介,小畑老师与学生们建立了良好的关系;以书为中介,他与教师们建立了联系;以书为中介,他与家长们建立了联系。将校长室改造成图书室,在这一点上小畑校长也是一位勇敢的改革者。

但是,即便在小畑老师做了校长之后,他的教育实践的风格仍然受到制约。无论在什么地方任教,一般校长都是任职三年以上才会转去其他学校,而小畑老师总是两年左右就被转去其他学校。因而,小畑校长两年里为学校的建设所付出的努力,也总是被迫中断。

有许多青年教师因为想要追随小畑校长而主动提出调入他所在学校,但等他们终于可以调任的时候,往往小畑校长已经被调到其他学校了,这样的事情屡见不鲜。即便如此,那些追随小畑校长的青年教师们还是持续地追赶着他的步伐。

为什么小畑校长如此受到青年教师们的追捧?其中最大的秘密是小畑校长对教育的判断非常准确。几年前,学校中爆发式地采用计算和汉字的重复练习,看着这种重复练习的课堂,小畑老师自言自语道："这种教师拿着计时器进行反复练习的学习方式我真是喜欢不起来,重复学习会造成竞争,学生会变得浮躁。"正如小畑老师所说的那样,学生们确实会变得浮躁,小畑老师之所以能够看到这一点,正是出于他作为教师看待学习的视野与智慧。

小畑老师在两年前退休,现在正到各地的学校去访问,以教学为中心支持学校的改革。在仔细观察与评论儿童学习与教学的状态方面,小畑老师拥有高超的智慧,即便是退休之后仍然不减当年。

青年教师们总是希望加入小畑老师的团队,他访问的学校也逐年增加。小畑老师话语不多,不被报纸或出版媒体所熟知,但正是这些无名的优秀教师们撑起了日本学校教育的天地。

第三部分

教师生涯

专家型教师养成的沃土

一、教师是怎样炼成的

教师是怎样炼成的？美国有句格言："医生是在病床边养成的。"模仿这句话，我们可以说："教师是在学校中养成的。"无论大学中的教师教育或在职教育多么完善，无论教育委员会或教师中心的研修讲座多么引人入胜，无论教育研究活动多么活跃，都无法取代学校在教师养成过程中的独特作用。可以说学校才是教师养成的真正沃土，学校通过校本研修培养教师并使其成为专家。

我自己曾经数度做过以教师为对象的问卷调查，考查"对教师的成长最为有效的要素是什么"。从调查结果看，第一位是"自己对教学的反思"，第二位是"同一学年(学科)教学的研修"，第三位是"校本研修"，第四位是"地区的研究活动"，第五位是"教育委员会或工会开展的研修和研究会"，最后一位才是"大学教授的讲座"(所以每当有人邀请我做演讲，原则上我都会拒绝)。

其他项目的调查中，被问及"对教师成长最为有益的人是谁"时，第一位是"同一学年(学科)的教师"，第二位是"同一学校的教师同事"，第三位是"同一学校的校长和首席教师"，第四位是"邻近学校的教师前辈"，第五位是"指导主任"，第六位是"大

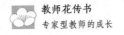

学教师"。

这一调查结果表明,教师成长的契机是以课堂为中心呈同心圆状扩大的。为什么会这样呢? 教师的工作比一般人想象的更加复杂,教师的成长是通过对经验的反思与反省达成的。

但是,最近数十年间,在教师的相关政策中,教师研修却距离课堂越来越远。文部科学省推进的"研修体系化"、地方教育委员会以及教育中心提供的"研修讲座",以及大学提供的研究项目等等,都完全处于教师成长的同心圆外侧。从 2009 年开始,每十年进行一次的教师资格证更新讲座是在距离教室最远的大学讲习室里进行的。

另外,作为教师成长最为核心的,以课堂为基础的研修以及校本研修的实际状况又如何呢?

基于对教学的观察与记录进行反思性研究,是日本的"独门秘籍"。无论是哪个国家,都没有像日本这样的研修样式:教师们互相公开教学,基于课堂的观察来进行反思与批判。日本的校本研修的教学研究继承了明治时代的传统,这一传统保障了教师教学实践的专业性。

顺便提一下,日本很多教师都撰写、出版教育类书籍,编辑、出版杂志等,这些也是日本教师专家文化的传统。

在国外访问的时候,看到国外书店里的教育书籍多是研究者和记者撰写的,教师撰写的著作和杂志凤毛麟角。日本教师的"教学研究"与"校本研修"等优秀的专家文化借此得到了发展。

近年来，这些专家文化传统被称为"课例研究"（lesson study），得到了世界各国的认可。"教学研究"与"校本研修"也成为世界各国教师重要的研修方式，得到了普及。结果，根据2003年TIMSS（国际教育达成度评价学会）的调查，"教学研究"与"校本研修"已经不再是日本的"独门秘籍"。根据"教学研究"和"校本研修"的相关调查结果，日本小学教师仅仅居于所有调查对象的中间位置，中学教师居于所有调查对象的下游，而高中教师则排在最后。可以说，现实状态是，教师成长的契机的"同心圆"外侧更加厚实，而其核心则空洞化了。这种构造必须得到逆转。

二、校内的同僚性的构建

对教师作为专家的成长而言，除了活用校内教学研究之外没有更加有效的方法。21世纪的教师不但要成为"教的专家"（teaching profession），更要成为"学的专家"（learning profession）。因此，以学校内部的教学研究为基础，开展教师作为专家的相互学习与养成，构建同僚性（collegiality），就成为当务之急。

我所推进的"学习共同体"的学校建设，在使学校保障每一位儿童的学习权利的同时，也将促进每一位教师作为专家的成长作为学校的目标之一。教师的教学实践是高度知性的、复杂的工作，因此多数学校一般每年都要进行三次左右以研究教学为主的校内研修。

但是，仅仅通过三次教学研究来促进教师作为专家的成长

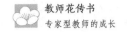

并完成教学改革,这无疑是天方夜谭。从我进行学校改革的经验来看,每所学校至少要组织100多次的教学课例研究,否则,教师作为专家的成长和教学的改革是不可能实现的。教师的工作有多复杂,教学的改革就有多困难。

在这十年间,标榜"学习共同体"的学校爆发式地涌现,全国3 000多所学校(约占公立中小学的一成)中,所有教师的课堂都是开放的,并通过相互公开教学的学习来构建"同僚性"。这种尝试的成果是显而易见的。

最近几个月,我所访问的学校都在构建教师的"同僚性",在促进教师作为专家的成长方面取得了不俗的成绩。热海市的多贺中学、富山市的元吉原中学、八千代市的阿苏中学、茅崎市的滨之乡小学、广岛市的祇园东中学、富山市的奥田小学、潟上市的羽城中学、流山市的常盘松中学、别府市的青山小学等等都是其中的典型代表。

在这些学校中,不但实现了基于协同学习的教学改革,提升了学生的学力,而且通过教师之间的互相学习,建立起了"同僚性",它们促进教师作为专家的成长的成果同样显著。

三、构建同僚性的学校改革

20多年前,加利福尼亚大学的朱迪斯·雷特尔(Judith Little)教授就确认了学校改革成功的最关键因素是"同僚性"的形成。她的见解现在已经成为世界各国教育学者和教师们的共识。

每次访问学校,我都会更加确信雷特尔教授20年前的见解。例如作为"学习共同体"领航学校的茅崎市滨之乡小学，已经迎来了建校 11 周年，但随着城市新教师招聘数量的爆增，教师的年轻化趋势日益明显。

去年，滨之乡小学包括校长在内的 30 名教师平均年龄仅有 31 岁。半数以上的任课教师教学经验在四年以下，研修主任的教龄也只有五年。可以说东京近郊、大阪近郊等地数年后所要面临的境况，在滨之乡提前实现了。

我有时会把这所都是青年教师的学校称为"蹒跚学步的滨之乡"。但这所学校的教师们却建立了良好的"同僚性"，青年教师的成长令人眼前一亮。年轻不代表经验与技术的不成熟，他们超越了这些不足，实现了教师之间的相互学习，开展了高质量的教学实践。

所有课堂中的教师和学生们都是如此。在课堂上，学生们进行细致而认真的相互学习，实现了相互关心的联系。在教学研讨会上，教师们对学生的学习进行着深刻的反思，他们基于同事之间亲密的关心与信赖开展着评价与交流。

滨之乡小学青年教师们的事例说明，即便多数教师都只有 20 多岁的年纪，学校仍然有可能开展高质量的教学研讨会。

我想，其秘密在于这所学校十多年间所经历与积累的丰富而浓厚的教学研究氛围。滨之乡小学的青年教师们形成了作为教育专家所需要的"话语共同体"（discourse community）。这一"话语共同体"的丰富性支持着其中的每一个人作为教师的实践智慧。

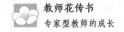

另外,在访问富山市的奥田小学、潟上市的羽城中学、流山市的常盘松中学、别府市的青山小学等学校的时候,我也常常被学校中以成熟型教师为中心的"同僚性",以及教师之间良好的相互学习的关系所倾倒。

世阿弥所说的"幽玄之美"正是体现在成熟型教师的教学实践与教学研究之中。在这些学校里,成熟型教师怀着初心互相学习、共同成长,在这些学校工作的青年教师是幸福的。事实上,在这些学校里,即便是刚刚走上讲台的新教师也能够快速地成长起来,他们的成长速度令人惊叹。

教师作为"教师"成长的场所是学校,对于其中的意义与可能性,我们必须有更深刻的认识。

从课堂事件中学习

一、教学的"评价"与"反思"

能够从教学实践中的课堂事件（经验与事实）中学习的教师，与那些不能够从中学习的教师相比，有什么差异呢？如果说作为专家的学习的关键是从经验中学习的话，这种差异就是教师作为专家学习与成长的决定性因素。

事实上，有些教师无论从怎样的教学中都能学到很多东西，而有些教师无论观察怎样的教学都学不到什么。这种差异首先与教师的阅历有关。与那些教育实习生或者青年教师相比，多数经验丰富的教师能够从相同的事实中学到更多的东西。

但是，相反的情况也是成立的，即经验丰富的教师也不一定就善于学习。无论有多少教学经验，有些教师对教学的反思与实践依然与教育实习生相差无几。这样说来，能够从课堂事件中学习的教师和那些不能学习的教师之间，到底存在怎样的本质差异呢？

我认为这种差异是，有些教师是评价"好课"与"差课"或者"好的教学法"与"差的教学法"，而另一些教师则是对课堂事件不作任何评价反而进行自我反思。无法从课堂事件中学习的教师，只不过从自己的尺度出发来判断是"好课"还是"差课"，是"好的教学法"还是"差的教学法"。这样的教师，无论遇到怎样

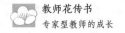
的课堂事件，都不会从中有所借鉴与学习。

实际上，当我把师范生带到课堂上，他们常在观察后马上就得出"这节课非常好"或者"这节课不尽如人意"等等结论。师范生们在没有任何教学的经验时，总是会流露出"傲慢"，这往往是毫无经验的人对教学的偏见。

能够从教学"评价"中脱离出来，采用"反思"的视角来观察，我自己也是经历了多年的磨砺的。

前几天，我访问了兵库县城琦温泉附近的学校。这一地区的学校我30年前曾经访问过。那时我才30来岁，刚刚任教于大学。当我再次来到这些曾经访问过的学校时，学校的老师把当时校本研修的记录拿了出来。当我看到自己当时的发言记录时，不禁愕然了。

我当时所说的还是蛮有道理的，发言内容也没有多大的错误，但我的发言却只从"好的方面"与"不好的方面"这样的立场来进行"评价"。现在看来真是让人无地自容。当时的我虽然装着学者的样子，但所说的话却同毫无经验的外行人无异。

30多年过去了，我向拿来当时记录的退休教师致歉，为我自己的无能与失礼道歉。但这些教师竟然能够从我外行而拙劣的"评价"中吸取经验，他们的学习精神令我深深折服。

二、从课堂事件中学习的困难之处

回顾我自己的经历，至今我已经观察了10 000多节课，并在研讨会上发言。我能够不再用"评价"的方式来看待教学时，已经过了3 000多节课的磨砺。这也说明了从教学"评价"的视角到"反思"的视角的转换是何等困难。这种困难,对教师在日常生活中作为专家的成长有着巨大的妨害作用。

为什么我从对教学"评价"的视角转换到"反思"的视角经历了那么多年、那么多次的反复? 其中最大的原因是我一直在追求"优秀的教学"。实际上,我从 20 多岁开始就在追求"优秀的教学",不但买了书,还到全国各地的学校的课堂去巡回参访,当然,我从那些教师的课堂实践中学到了很多。但是,无论怎样,从根本上说,我从课堂事件中学习时所采用的方法是错误的。

我的学生们——那些青年教师们让我了解到这种误区。这些青年教师往往缺乏实现"优秀的教学"的经验、技术与知识,他们日常的教学实践中的课堂事件也与"优秀的教学"相去甚远。但是,做出对他们的成长有益的评价,比对那些成熟型教师的"优秀教学"做出评价要难太多了。

指出青年教师的教学缺点对任何人来说都很容易,但是,与这些缺点相关的要素却如同线团一样复杂地交织在一起,教学实践不是"改掉了缺点就好了"那么简单,教师的成长也不是那么单纯的事情。指出某个缺点,可能也正是抹杀了这位教师的优势。

所以,必须要直面每位青年教师的障壁,如同解开线团一样去解读他们,让教师从自己的教学改进中得到成长,这才是最为有效的专业发展道路。不是看教学的"优点"或"缺点",而是仔细观察他们教学实践中的课堂事件,如同在自然中观察蚂蚁一样,对课堂事件进行深入的观察与反思。

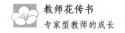

对教师们来说也是这样,从对教学的"评价"的观点转换到"反思"的观点是非常困难的。这种困难是因为每位教师都想实现"好课"以及"精彩的课堂"。诚然这不是坏事,作为专家的教师当然希望自己能够"做好工作"。

但是,由于过于追求"好的教学"以及"精彩的课堂",对他人的教学就只能用"评价"的方式去看待,因而无法从事实的"反思"中去学习。这种矛盾要如何去克服呢?

三、校本研修的方法

从学校真实的教学研究会记录来看就会知道,教师们的教学观察与批评往往都是从"评价"的角度去进行的。

几乎所有学校的教学研究中的发言,都会指出教学中"好的地方"和"不好的地方",然后是观课者从自己的角度提出"建议",几乎所有人都走不出这个套路。实际上,一般的教学研究中八成以上的发言是针对"教材"与"指导技术"来展开的,能够从每位儿童的学习的事实去论述的发言仅有一成。

这样的教学研究会,将破坏教师之间的同僚性,不利于教师作为专家的学习。

在对教学的观察与批评中,"观课"与"被观课"这两种不同视角构成的权力关系发挥着作用。在这种权力关系中,非常明确的是,即便是没有任何经验与知识的学生也可以来观察和批评成熟型教师的教学。所以,在校本研修中,成熟型教师对公开教学是抵触的,于是,总是让青年教师来公开教学,然后老教师们提出建议,逐渐形成了这种模式。

但是，这种"建议"越多，越会破坏教师之间平等友好的关系。而且在教学中所谓的"正确的指导方法"并不是单一的，它甚至可以有上百种。即便这种"建议"没错，其结果也可能会使不同风格的教师之间无端的对立更为深化。

教师要成为教育专家、成长为善于学习的人，对他人的教学进行观察时就要从"评价"的视角转化为"反思"的视角。只能从"好课"、"差课"、"成功"、"失败"的角度去观察和反思教学的教师，一生都不过是个外行，无论教龄几何，其成长都只能停留在教育实习生的水平。

但是，正如教学研究会的实态所反映的那样，如今学校里的教学研究还难以成为专家型教师共同学习的场域，这样的情况下培养出来的教师往往都不太善于学习。

我主张，在校本研修中，不以"教师的教学方法"为观察与批评的中心，而是以"学生的学习事实"（"学习"在哪里成立，在哪里失败）作为观察与批评的中心。学校应成为将教师们的研修转化为专家式的学习场域。

专家的学习是从"经验"中学习，"经验"与"理论"的结合会生成"智慧"，其中最为重要的基础是从"课堂事件"（经验与事实）中去学习。"发现"课堂中的细小事实或事件或从中感受到"惊喜"的能力，享受探究和解决疑难的能力，这些都是教师作为专家所要追求的。

善于学习的教师，正是那些超越了"评价"的桎梏，仔细观察细小事实，并从中"发现"与"惊喜"的教师们。

▲ 图 8　静冈县富士市立岩松中学的课堂景象

教师必须遵从的规范

一、三种规范

教师的生活到底追求的是什么？教师的工作总是充满着模糊性与不确定性。在这种模糊性与不确定性当中，教师必须不断探究的是什么？教师在教职生涯中必须遵从的规范是什么？

我曾经与许多令人尊敬的教师相遇，从而发现了教师生活的三种规范。其一是尊重每一位学生的学习的尊严；其二是尊重教材的发展性；其三是尊重自己的教育哲学。那些高举这三面旗帜，并使其屹立不倒的教师们，通过持续的探究，就可以追求到《风姿花传》中所说的"妙花"的"幽玄之美"。

但是，在教师职业生涯中持续追求这三种规范绝不是件容易的事。追求其中之一并不困难，追求其中两种或许也是可能的，但长期追求这三种规范却绝非易事。为什么呢？因为在现实的教育实践中，这三种规范总是不断地互相冲突和矛盾着。

尊重每位儿童的教师很多，但是多数教师牺牲了教材的发展性，也缺乏对自身教育哲学的探讨；也有很多教师尊重了教材的发展性，但是参观课堂时会发现，这些教师往往对学生学习的多样化较为忽视，而且其自身的教育哲学往往也不太成熟。

同样的，很多教师尊重自己的哲学与信念，但是其中多数教师还是固执于自己的思考，独善其身，往往轻视儿童的学习与教

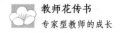

材的发展性。

追求三种规范的教师,必须要忍受教学中各种各样的不足,并与各种疑惑和困境斗争,以苦闷与奋斗为支柱,努力形成作为专家的修养。

在日常教学实践中,不忽视其中任何一种规范并持续追求的教师们,对工作进行着创造性的探究,他们将成长为令人信赖的专家。

二、持续探究的教师

岛根县松江市城北小学校长锦织明(岛根县小学校长会会长)就是谨遵三种规范,在教师职业生活中持续探究的教师之一。我与锦织校长的相识是在十多年前,当时我在访问高田小学,那是岛根县仁多郡一所全校只有 35 名学生的小学校。这座小城曾是电影《幽灵公主》的取景地,这里还有着"风箱制铁"的历史。

锦织老师一年前曾经是这所学校的校长。他主导传统"神乐"文化,传承炭烧技术,与韩国进行文化交流,以电脑网络与留学生交流为基础,推进与非洲、亚洲、美国、欧洲诸国间的国际理解教育。

初见面时,锦织校长就令我惊叹,他开拓和创造的教学实践与学校建设,与我一直追求的教学实践与学校愿景如此相近。我在书桌前所描绘的愿景,正是锦织校长在他的学校课堂中所创造的生动的现实。那天,我拜访了锦织校长的家,与锦织校长一边喝着咖啡,一边交谈。我们喝咖啡所用的陶瓷杯正是锦织校长出于个人兴趣而手工制作的。当时的情景现在仍然历历在目。

锦织校长通晓每一位儿童学习的实际，并对教材的发展性具有卓越感受性。锦织校长从与具体事物的相遇出发，触发每一位儿童多样化、个性化的学习，并超越学习的课堂，与地区的情境相连，进一步与地区和世界串联起来。

从"神乐横笛的制作"的综合学习导入"区域古代史"的学习，从"石炭制作的体验"导入"制铁和制纸历史"的学习，以及家长与孩子共同参与的韩国文化的学习等。

学生们演奏神乐横笛技能日臻成熟，世界各地的横笛演奏者们听说此事后，来到这所小学，举行了横笛演奏的国际盛典。所有的课程都是以"与具体的事物的相遇"为出发点，从而开展每个学生个性化的学习，并通过课堂与各地乃至世界的学习意义网络相联系。这种想象力与实践的确切性，让我再次确认了教师实践中所蕴含的无限可能性。

锦织校长在高田小学进行地区学习以及国际理解教育实践之前，曾经专注于社会科的教学实践，致力于"与知识、经验相联系的社会科学习"。他对教材的研究也极为细致。

例如，在学习"绳文时代的历史"时，他从"洞穴住所"、"陶器制作"以及通过"木炭制铁的实验"开始。因为岛根县开采不到黑曜石，为了确认绳文时代的人们从朝鲜半岛采集黑曜石并运回的历史，锦织校长将巨木搬进了教室。在数月的时间里，学生们利用放学后的时间，开凿出了圆木船。而且，这艘圆木船还在

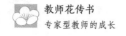
宍道湖中试水航行后,得到海上保安厅的许可,随着巡视船一直
航行到了隐岐岛。锦织校长的教育实践都是通过手工制作,通
过具体的经验所进行的探究性学习。

三、作为"妙花"的教职生活

锦织校长 1972 年毕业于广岛大学教育学部,在岛根县隐岐
岛的小学中开始了向往已久的教职生活。从开始做教师到今
天,在 35 年的时间里,锦织校长不断地反复阅读同一本书——
杜威的《学校与社会》。到现在为止,我在国内外遇到过很多信
奉杜威的教师,但是像锦织校长这样能够深刻确切地理解杜威
的教育哲学,并能够将这一教育哲学具象化为具体的教学实践
的教师并不多见。

实际上,锦织校长谈论"取火"、"衣"、"食"、"绳文文化"等
教学实践时所用的话语,同杜威的《学校与社会》一书中关于
"职业"(occupation)的教学实践的叙述极为相似。锦织校长就
是这样一遍又一遍地重读《学校与社会》,不断洗练自己的教育
设计和反思的话语与理论。通过以杜威教育思想为基本原型
的哲学思考与实践探究不断积累,锦织校长走过了卓越的教职
生涯。

锦织校长从 2007 年开始在松江市的城北小学做校长,他将
精力倾注在学校图书馆教育上。杜威在《学校与社会》的第三章
中描绘了杜威实验学校的校舍平面图,其校舍以图书馆为中心,
并配置了工作室、织物劳作室、料理室以及食堂。在杜威的愿景
中,图书馆位于学校教育活动的中心位置。

在高田小学,通过与地区学习、国际理解①的结合,锦织校长实现了如同《学校与社会》第三章绘制的学校图景那样,将职业、家庭、庭院、公园、地域、大学相连接的教育愿景。在城北小学,他也在学校内部,根据杜威的愿景,推进着学校图书馆教育。

锦织校长于 2009 年退休。听说,退休后的他,为了取得图书管理员资格而学习图书馆学,之后在当地推进图书馆活动,促进儿童的读书活动,专注于当地的文化建设。

了解了锦织校长 30 多年的教职生涯,就愈加明确教职生涯是对教育实践的探究过程。锦织校长是值得称道的日本教师中的一位,是日本的学校文化即教师作为专家的文化造就了锦织校长。

在锦织校长的周围,有很多和他一样的同事,他们同样尊重每一位儿童的学习,以儿童的学习为中心,尊重教材的发展性,尊重教师自身的哲学。在与这些同事共同学习的过程中,锦织校长一边进行着创造性的实践与互相交流,一边将杜威的教育哲学具体转化为自己的教育实践。这一过程中,形成了无论对于"专家"来说,还是对于"匠人"来说,都高度洗练、堪称"妙花"的珠玉般宝贵的实践创造。

_____

① 国际理解(international understanding):不同文化背景、不同种族、不同宗教信仰和不同区域、国家、地区的人们之间相互了解和相互宽容;每个人都能够通过对世界的进一步认识来了解自己和了解他人。将事实上的相互依赖变成为有意识的团结互助。

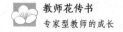

话说回来,现在的时代还会出现如锦织校长这样的教师吗?我相信,之后的时代中,如锦织校长这样的教师还是会不断出现的。尊重每位儿童的学习、尊重教材的发展性、尊重自己的教育哲学的教师们,一边经受着疑惑和困境的考验,一边持续追求着这三种规范,这样的教师在日本各地的学校中持续成长着。

转型期的教师

一、处于转型期的教师

现代的教师处于多重转型期之中。其一是国际化进程中围绕学校的社会转型。近代的教育是以国民国家的统合与工业社会的发展为两种主要推动力组织并发展起来的。1989 年柏林墙的倒塌昭示着国民国家与工业社会时代的终结,政治、经济、社会、文化等各个领域都向着国际化迈进,包括日本在内的发达国家从工业社会向后工业社会飞速发展。

与之相伴的分权改革也在进行,学校行政权从国家权力统治向共同体与市场部门过渡。而且后工业主义社会是高度知识化的社会,劳动力市场大半从制造业向知识信息产业及服务行业转化,终身学习的社会正在逐渐形成。当今的学校与教师,正处于数世纪一次的历史转折点上。

生活在 21 世纪的教师们,在国际化的进程中,要担负起职责,建设高度知识化的社会、多文化共生的社会、差异显著的社会、终身学习的社会、市民成熟的社会。在应对这一系列变化的同时,在与各种困难斗争的过程中,产生了新的教职使命,也促进了新教师的诞生。新酒就要用新瓶来装。

转型期现象在教师日常经历的现实中处处有所体现。学力低下与学力差异的现实,学生在经济、文化方面的困难的急剧扩

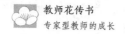
大,家庭与地区的崩溃,竞争社会与评估社会的扩张,儿童、家长、教师各自集团的孤立与相互不信任,依赖咨询与诉讼的社会形态的形成,暴力与排他的蔓延,商业主义文化的泛滥,民粹主义导致的愚民政治……这些当今的教师在学校内外处处可以体验的现实,可以说是转型期社会混乱的悲剧。

教育的内部也在进行转型。近代学校的特征是课程表型的课程与班级授课制,这在当今的发达国家也已成为过去的遗物,被送进了历史博物馆。

学校与课堂中的"教学"系统开始向"学习"系统转换,项目型的课程与以协同学习为中心的教学将逐渐成为21世纪学校教育的主要样式。这种转换是工业社会向后工业社会转型过程中的必然,教育将从"量"的时代向"质"的时代转换。

教师的年龄构成也会迎来转型期。根据文部科学省的计算,因为世代交替,在以后的十年中全国教师中的三分之一会被新教师取代。但是,这是以所有在职教师退休为前提来计算的。现在能够完整工作到退休的教师不过四成,如果考虑这个因素,实际上,未来十年全体教师的近二分之一会完成新老交替。

二、作为"学的专家"的教师

处于转型期的教育不可避免地面对各种混乱与混沌,在经济、社会、文化、政治急速变革的时代,儿童与教师也不可避免地会陷入危机之中。但是,混乱、混沌与危机的时代也同样是改革与革新的时代。处在这个时代的教师们应该具有在解体的现实的危机中洞察到变革契机的智慧与想象力。

21世纪的社会中,一直肩负着"教的专家"责任的教师们,要向"学的专家"转型。教师必须学习的东西很多,如作为市民的一般性教养、学科教养以及教育学教养,如果不能继续学习与丰富自我,教师就难以胜任自己的工作。

另外,作为"学的专家"的教师,必须如实践家那样,不但从书本上学习,更要从现实中学习。正如现代专家的特征——"反思性实践者"所指出的那样,专家的学习是从事实中学习,从经验中学习,并在学习中将实践与理论统合起来。

恕我直言,一直在追求"教学"能力提升的教师总体来说往往对"学习"是怠慢的、无能的。对于学习来说最为重要的资质是慎重、深刻,那些将统治儿童作为工作的教师,仍然是独善其身而傲慢无礼的。因此,从"教的专家"到"学的专家"的自我变革绝非易事。

但是,正如本书中多次指出的那样,今天日本的很多教师已经实现了从"教的专家"到"学的专家"的转变。大多数教师感到,要成为教育专家,有很多的事情必须重新学习,他们认识到不能持续学习就不可能完成教师的职责。在支持这些教师进行作为"学的专家"的自我变革的学校、教育委员会以及大学的改革还没有进展的情况下,这种自我变革很难马上就出现成果。即便如此,很多学校还是对校本研修的内容和方式进行改革,学校内部通过建立同僚性关系来推进教师作为专家的学习与成长,我们从这些实践中看到了希望。

在转型期,我们的追求是对传统的确实的继承以及对创意

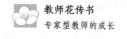
的挑战,二者不可偏废。没有传统,创造也无从谈起。**日本的教师在战前战后,形成了其他国家罕见的丰富的专家文化。日本的教师出版了如此多与教学实践相关的书籍,如此活跃地推进着校本教学研究,如此普遍地共享实践的知识与智慧,这些都是其他国家的教师所不能比拟的。**

即便是这几十年来,专家文化的传统在急剧衰退,这样的传统仍然在教师们的日常意识与行动的语脉中存在着。

其中,大正时代自由教育的传统与战后民主主义教育的传统价值巨大。这两个时期也是日本教育的历史转型期,在这两个转型期中,日本的教师形成了为世界称道的教师专家文化。这种传统也可能在当前的转型期中再次生成。

三、认真地创造实践

在充满危机、混乱与混沌的转型期,教师生存的基础是什么?我造访了很多的学校,在推动教师与学校的内部改革实践的同时,更加确信,处于转型期的教师所追求的第一要务乃是认真、严谨地推进日常的教学实践。

总之,不被学校外部的各种动向和诱惑所迷惑,不被媒体报道所困扰,不被外部强加的课题所压迫,专心守护每位儿童的学习,探究每一个教材的发展性,更多地创造与同事交流学习的机会,认认真真地组织日常教学实践,这是比任何事情都更为要紧的。

教师的工作绝不是华丽花哨的,而是由"小事"累积起来的。**与此相对**,学校外的教育改革讨论的往往是"大事",那些外行人用粗俗的言语争论着,通过媒体使之成为人们日常消费的谈资。**从这个角度看,教师每天在课堂上专注费心的"小事"似乎完全没有价值。**

但是,也正是因为处于这样一个时代,为了让教师从这样的转型期中走出来,在转型期中为未来确实的教育做准备,就要对课堂上发生的"小事"无比珍视,专注于每位儿童学习的实现,认认真真地对待教学实践创造。**只有这种认真的实践,才能促进教师自身作为转机的成长,促进同僚性的构建,在转型期推动学校内部改革,开拓教育更美好的未来。**

容我再次强调,在转型期中最要注意的是不能忽视传统,不能放弃对创新的挑战,知晓这一点的人就不会被各种骚动与混乱所煽动。

生活在这个时代的教师必须觉悟到,这将是一个从未有过的"受难时代"。这绝不是完全悲观意义上的"受难时代",而是从接受教育现实出发的。假如无法完全接受儿童的现实、学校的现实、地区的现实、社会的现实,教师就难以胜任本职工作。从这个意义上来说,教师总是要接受"受难"的宿命,在这样的转型期中更是如此。

但是这种"受难"并非意味着教师的不幸。转型期中"受难"的教师的工作更加复杂与困难,即便如此,从另一方面来说,教师的实践会向知性的、创造性的方向转变。21 世纪的教师,要**不断使自身的日常实践更加知性、更具创造性,从而达成自身的使命与责任,并最终实现成为"学的专家"的自我成长的目标。**

佐 藤 学

课堂实践三部曲

畅销 200000

《中国教师报》2012 年度影响教师的 100 本书
《中国教育报》2012 年度教师喜爱的 100 本书
TOP10

图书在版编目(CIP)数据

教师花传书：专家型教师的成长/(日)佐藤学著；陈静静
译.—上海：华东师范大学出版社，2016.6
　ISBN 978-7-5675-5073-5

　Ⅰ.①教…　Ⅱ.①佐…②陈…　Ⅲ.①师资培养-研究
Ⅳ.①G451.2

中国版本图书馆 CIP 数据核字(2016)第 130538 号

教师花传书：专家型教师的成长

著　　者	佐藤学
译　　者	陈静静
审　　校	钟启泉
策划编辑	王冰如
审读编辑	王冰如
责任校对	王丽平
装帧设计	崔　楚

出版发行　华东师范大学出版社
社　　址　上海市中山北路 3663 号　邮编 200062
网　　址　www.ecnupress.com.cn
电　　话　021-60821666　行政传真 021-62572105
客服电话　021-62865537　门市(邮购)电话 021-62869887
地　　址　上海市中山北路 3663 号华东师范大学校内先锋路口
网　　店　http://hdsdcbs.tmall.com

印 刷 者　常熟市文化印刷有限公司
开　　本　890 毫米 × 1240 毫米　1/32
印　　张　5.25
字　　数　94 千字
版　　次　2016 年 9 月第 1 版
印　　次　2025 年 3 月第 17 次
印　　数　69601-70700
书　　号　ISBN 978-7-5675-5073-5/G·9362
定　　价　32.00 元

出 版 人　王　焰